EDITORA ELEFANTE

2&3DORM

REVISTA COMANDO
Frederico Heer
Guilherme Boso

elefante
EDITORA

CONSELHO EDITORIAL
Bianca Oliveira
João Peres
Leonardo Garzaro
Tadeu Breda

CAPA & PROJETO GRÁFICO
Bianca Oliveira

SERIGRAFIAS
Frederico Heer
Guilherme Boso

MONTAGENS & TRATAMENTO DE IMAGENS
Kippel

PREPARAÇÃO & REVISÃO
Tadeu Breda

GUIA RÚSSIA PARA TURISMO DO COLAPSO

ou O espetáculo das ruínas construtivistas na Moscou especulada

RACHEL PACH

Não é que a gente
seja apegado ao charme
das ruínas. Mas é que as
casernas civis erguidas no
lugar delas têm uma feiura
gratuita que pede
por dinamites.

— "Destrói-se a rua selvagem",
*Potlatch: Boletim de Informação
da Internacional Letrista*, Nº 7,
3 ago. 1954

CONTEÚDO

PRÓLOGO

A quem estiver lendo este guia agora, antes que vá a Moscou atrás das atrações apresentadas, que esteja atento: não garantimos a permanência de nenhuma paisagem aqui descrita por muito tempo.

Para falar a verdade, este guia nem terá muito outra serventia que não a de registro ou documento; não indica atrações, mas indícios de um momento determinado em meio ao movimento geral e ampliado do tempo inscrito no espaço.

Trata-se, afinal, de um flagra do futuro que levou o futurismo russo, ou do estado presente do espaço planejado no passado, e a crise do sentido social que projetava — seja sob a forma de prédios apodrecendo, canteiros gigantescos, reformas *hipsters*, grandes eventos... O que se capta aqui é a implosão-explosão monumental de uma cidade convertida em megamercadoria *imagética* e *imobiliária* após o colapso da utopia socialista científica do urbanismo e da economia planificada.

Assim, talvez a única direção definitiva que este guia possa apontar seja o vetor de destruição-construção empreendido pelo capital fictício — além da eficiência do feitiço turístico em transformar a arquitetura em simulacro da própria história.

O que se vê, ao menos por agora, é que o construtivismo se encontra em voga — e em ruínas.

Este guia — que não é guia, é uma deriva — resulta do trabalho de campo realizado por uma jovem psicogeógrafa na Rússia durante o fatídico mês de outubro, um século após 1917.

PRIMEIRA PARTE

O espetacular mundial de futebol e o futuro do espetáculo mundial

"O cartaz oficial da Copa do Mundo da FIFA 2018 é o verdadeiro reflexo da herança artística e futebolística da Rússia", comentou a secretária-geral da FIFA, Fatma Samoura. Os raios de luz que emanam da bola, uma característica comum do construtivismo, simbolizam a energia do torneio, e o círculo verde representa os arremessos nos doze estádios em onze cidades-sedes, que serão palco das 64 partidas da Copa do Mundo da FIFA 2018. "Temos muito orgulho deste belo patrimônio histórico, ícone importante que celebra o torneio que em breve ocorrerá em solo russo."
— Site oficial da FIFA[1]

Para começar a entrar no *clima da Copa*, partimos do tipo de turismo promovido pelo mundial da FIFA. Falamos do arquétipo de estrangeiros bêbados e abusados, ostentando seus signos nacionalistas em toda sorte de quinquilharias idiotas. Sem dúvida, se divertem. Talvez os estudos de psicologia de massa nos ajudem a entender melhor o fenômeno da alegria *hooligan*, e a etnografia, o perfil deste público que faz viagens internacionais aos destinos mais inflacionados de toda a indústria turística.

O *approach* turístico da realidade torna a singularidade de cada lugar uma mercadoria distinta; logo, nessa

1 "2018 FIFA World Cup Russia Official Poster Unveiled At Moscow Metro" [Pôster Oficial da Copa do Mundo da Rússia é revelado no metrô de Moscou], em FIFA, 28 nov. 2017. Disponível em <http://www.fifa.com/worldcup/news/2018-fifa-world-cup-russiatm-official-poster-unveiled-at-moscow-metro-2921534>.

experiência de consumo (consumo de experiência), a realidade do espaço se perde: é reduzida à forma geral da equivalência. Para quem compra o pacote, o acontecimento Copa se resume ao consumo do local (reificado nas formas de *souvenires* e *selfies*) e de toda uma infraestrutura (nada autóctone) de acomodação, alimentação, transporte, logística. Enquanto encena a festa das felizes nações federadas ao entorno do espírito universal esportivo, o modo como a FIFA de fato se coloca em campo é na posição de uma das empresas mais poderosas do mundo. O futebol convertido em negócio não só sabota a magia lúdica do jogo com as máfias de passes e salários milionários, como se estende aos negócios relativos à produção do espaço.[2]

Isso significa que, a cada vez que se realiza, o mundial da FIFA replica em cada nova cidade-sede sua concepção de produção e comercialização do espaço urbano, que não é só a da especulação imobiliária, já ordinária em nossa época, mas uma outra especulação, mais específica, que tem a ver com o evento extraordinário: a da cidade vendida como *imagem*. A base material deste tipo de economia urbana não está tanto no que efetivamente é produzido e consumido *na* cidade, mas na cidade globalmente projetada pelas tecnologias de telecomunicação mais avançadas, de modo que passa a operar nela, e para

2 Sobre os efeitos espetaculares causados pelo capital especulado na paisagem e no cotidiano das cidades brasileiras pela Copa de 2014, ver *A produção espetacular do espaço: as cidades como cenário da Copa do Mundo de 2014*, tese de doutorado de Glauco Roberto Gonçalves (2015), além das conversas com quem se engajou nos Comitês Populares da Copa.

ЧЕМПИОНАТ
МИРА
ПО ФУТБОЛУ
FIFA 2018
В РОССИИ™
14 ИЮНЯ–15 ИЮЛЯ
FIFA WORLD CUP
RUSSIA 2018

ela, toda uma economia de direito de imagem, licença de imagem, licença de marca, venda de direitos de transmissão, patentes sobre símbolos e palavras, palavras que são tornadas marcas registradas e que, para voltarem a aparecer como palavras, devem antes ser compradas. Neste jogo de *commodities* semiológicas, promovido e explorado pela FIFA, emula-se um tipo de *teleturismo*, com a presença remota e simultânea de quase um bilhão de pessoas no entorno de um único estádio. Assim, o estádio redunda a cidade, e a cidade se reduz a cenário. O *Espetáculo* é expressão do capital acumulado a um tal grau que se torna imagem.

> No século XX, o Construtivismo Soviético era parte da *identidade de marca do país*, junto com o balé, o hockey e a exploração espacial. As casas-comuna, que libertaram as pessoas das tarefas domésticas, as soluções únicas de engenharia, as inovações materiais — todos estes resultados tornaram-se realidade nos anos 1920 e 1930. Os projetos construtivistas permitiram à União Soviética demonstrar o poder e os talentos da Vanguarda Russa, que estava a seu serviço.[3]

Se em determinado momento da história material de Moscou a arquitetura e o urbanismo construtivistas tiveram a ver com uma concepção concreta (ainda que

3 "Constructivism. Legacy of the Soviet era" [Construtivismo: legado da era soviética], em Comitê Organizador Local da Copa do Mundo de 2018. Disponível em <http://welcome2018.com/en/cities/moscow/constructivism-legacy-of-the-soviet-era/>.

abstrata) de cidade socialista, um século após 1917 o construtivismo aparece reduzido à identidade — *branding* [sic] — de uma cidade cuja paisagem torna-se *marketing* de si mesma. Esse devir infame, no entanto, não é estranho aos termos da alienação espacial que já estavam postos (e expostos) há tempos na cidade moderna: a alienação é o núcleo das condições modernas de construção. O que vemos acontecer agora em Moscou não é senão a realização total da *Sociedade do espetáculo* [leia Debord], tal qual descrita em 1967, mas que a cada vez que se atualiza, se supera negativamente. Já o grau da gravidade do que foi flagrado na Rússia em 2017 encontra-se no contexto da sociedade global capitalista pós *Colapso da modernização* [leia Kurz].

Mas qual é a crise agora? O *boom* absurdo, puramente fictício, do capital especulativo, que desde os anos 1980 vem assumindo o caráter da superestrutura econômica global. Isso quer dizer que há muito tempo os giros da reprodução ampliada do capital se desgarraram do valor realmente produzido pelo trabalho socialmente empregado [leia Marx], e a nossa sociedade em geral já não produz mais valor, apenas seu simulacro — em *renders* espaciais, transações transnacionais, telas de *homebrokers*. E, conforme avança a ficcionalização da economia, a realidade se eleva a abstrações cada dia mais absurdas — com efeitos concretos cada vez mais catastróficos. Pois, para que todo este capital estratosférico especulado não se desfaça nas nuvens de elétrons, a estratégia do *status quo* é promover uma ilusão óptica para fazer parecer sólido aquilo que é essencialmente virtual. É assim que o capital fictício ocupa a cidade, invadindo violentamente o espaço da vida social para preenchê-lo de qualidades abstratas: sob signos *sci-fi bad-trip,* os fetiches de *pós-modernização.*

> Em 2017, enquanto o Kremlin diminuía o significado do Centenário da Revolução, o *branding* do 870º aniversário de Moscou foi todo baseado nas composições geométricas da produção têxtil de Lyubov Popova e Varvara Stepanova. "Precisávamos de uma ideia abrangente para gerar patriotismo", diz Airat Bagauditov, fundador da empresa de turismo Moscou Pelos Olhos De Um Engenheiro, especializada em edifícios construtivistas. Alexander Kibovski, chefe do Departamento de Cultura de Moscou, falava em "mostrar a contribuição de Moscou para o design internacional", e chamou o construtivismo de "estilo arquitetônico e cultural mais característico de nossa cidade". "Está, em certo sentido, entrando na moda", diz Bagautdinov.[4]

No fim, a paisagem de Moscou que aqui se revela não passa de metáfora ou metonímia para a forma insólita que toma a vida cotidiana com o avanço espetacular do capitalismo em colapso. Falamos do desenvolvimento das forças destrutivas que agem sobre as cidades construídas no passado, e da queda tendencial do valor de uso do espaço.

Assim, a cada ruína construtivista encontrada, tanto faz se restaurada ou demolida, avista-se mais um

4 "Reconstructivism", em *The Economist's 1843 Magazine*, fev.-mar. 2018. Disponível em <https://www.1843magazine.com/design/reconstructivism>.

monumento ao destino trágico do progresso capitalista: da sociedade-máquina que, sem consciência de si, produz a própria destruição.

P.S.: Isso pode parecer teoria apocalíptica, mas é pura crítica radical anticapitalista.

SEGUNDA PARTE

Didática para a observação da arquitetura na Rússia

ou

Questão de método: ao invés de *ver a vista,* veja *processo*

Precisamente na Rússia, só o decidido pode ver. Num momento crítico de ocorrência histórica, que o fato "Rússia Soviética" se não estabelece ao menos anuncia, é impertinente ao debate saber qual das realidades é a melhor, qual dos propósitos está no melhor caminho. Trata-se apenas do seguinte: qual das realidades se torna intrinsicamente convergente com a verdade? Qual das verdades se prepara para convergir intrinsecamente com o real? Só é "objetivo" quem neste ponto dá uma resposta clara. [...] Só quem, na decisão, fez com o mundo a paz dialética pode apreender o concreto.

— Walter Benjamin, *Moscou* (1928)

NOTA 1

O CONSTRUTIVISMO NÃO ERA UM ESTILO — ERA UMA MÁQUINA

Tomar o moderno só como fenômeno estético é fetichismo. Ponto. Partindo daí, aquilo que na Rússia aparece como PROJETO MODERNISTA (formas geométricas arrojadas, o uso de materiais brutos etc.) tratava-se, antes de mais nada, da construção de meios de mover os PROCESSOS DE MODERNIZAÇÃO daquela sociedade, até então profundamente marcada pela realidade bárbara czarista.

A arquitetura de nossa época não tem por tarefa a construção de um edifício, mas a construção, a formação das

relações sociais no quadro das novas relações de produção, sob a forma de edifícios cuja característica comum será a de exprimir formalmente seu conteúdo social e produtivo.
— M. Okhitovitc, "Aos problemas da cidade", CA, Nº 4 (1929)

O caráter nuclear, portanto, da arquitetura construtivista russa é a PRODUÇÃO DO ESPAÇO; é a relação intrínseca entre o projeto arquitetônico e urbanístico e o projeto social total do socialismo posto àquela época (anos 1920, sobretudo). A proposta de *realização da arte* — grande tema filosófico da modernidade — avança então pelo terreno da *economia política*. Há uma ironia interessante ao admiti-la como *utopia do socialismo científico*.

Pela perspectiva materialista da história (no plano da teoria), a revolução deveria transformar a realidade material que organiza a vida social. A vanguarda planeja isso em todas as escalas: do desenho de objetos cotidianos aos edifícios, à cidade, ao território como um todo. No plano da prática, este projeto de progresso técnico é apontado pelo assim chamado Programa de Transformação do Modo de Vida (*Perestroika Byta*),[5] que não tinha outro sentido senão a projeção de toda uma nova totalidade: o novo modo de produção, como novo modo de produção da vida.

5 *Perestroika*, do russo: перестройка, literalmente "reconstrução" + *Byta*, que vem de быть, "byt", palavra russa que não tem tradução literal para as línguas ocidentais, mas que tem a ver com "viver", em sentido material. Assim, a ideia da *Perestroika Byta*, que tanto invocavam os construtivistas, seria como uma reconstrução do modo material de se viver.

Eletrificação e Iluminismo

> O sol, como símbolo da energia universal, é arrancado do céu pelo homem moderno, que, mediante sua maestria técnica, cria uma nova fonte de energia.
> — El Lissitzki, *Parte da máquina espetacular* (1920–1921)

A Máquina era o paradigma para os modern*istas*; o modelo, o método, a mística. "Tudo o que é técnico é sagrado aqui", escreveu Benjamin em seu *Diário de Moscou* em 30 de dezembro de 1926. No projeto revolucionário russo de formação de um *novo homem*,[6] a Razão iluminista e a Engenharia substituem o misticismo religioso (um caráter da cultura russa, olha só para a literatura...) pelo materialismo mistificado na consciência das massas. E a vanguarda, enquanto a divisão do trabalho dos técnicos estéticos esclarecidos, opera como engrenagem programadora desta racionalidade, mediando as relações sociais por imagens.

A propaganda é a forma mais evidente do objetivo vanguardista de conformação da subjetividade geral. Daí que a tecnologia aparece como signo supremo do construtivismo e, logo, da revolução. Pôsteres estimulam os operários a acelerarem a produção prevista pelos planos

6 Sim, a contrapé da força revolucionária das mulheres russas, o sujeito sintático, mas também semântico, no original, é masculino.

econômicos; o desenho gráfico dos cartazes irradia energia, com slogans, colagens, geometria, assimetria; maquinarias tornam-se temas decorativos, de louças à estamparia têxtil; a famosa máxima de Lênin, formulada exatamente como uma equação matemática *Eletrificação + Poder dos Sovietes = Revolução* é propagada por vários meios e vias, propondo uma visão de mundo que de fato se objetivou. A lógica do raciocínio mecânico e matemático é transposta para pensar a sociedade, como se fosse *igual* à verdade. Porém, ao contrário de uma racionalidade supostamente pura, a realidade social é mediada por identidades falsas, como 2 + 2 = 5.

É neste contexto que a arquitetura construtivista concebe o conceito de *condensador social*. Assim como o condensador elétrico transforma a natureza da corrente que passa por ele, o condensador social transformaria a natureza humana daqueles que vivem nele. Funcionaria como dispositivo espacial, pensado por princípios psicotécnicos, para catalisar, na escala urbana, a transformação da consciência social de "individualista" a "coletivista" e, assim, "conduzir a sociedade em direção ao socialismo". Eram três tipos: a Casa-Comuna, a Fábrica-Socialista e o Clube-Operário. Estes elementos condensadores — que eram, na verdade, complexos arquitetônicos gigantescos — separavam e concentravam as atividades produtivas e reprodutivas da economia em espaços específicos para cada momento do cotidiano. Estas partes separadas eram então sintagmaticamente reunidas num todo: a Cidade-Máquina, suporte metafórico, ou quase metafísico, de toda uma sociedade.

> É antes toda cidade, objetivamente estruturada como máquina funcional para extração de mais valia social, que reproduz, nos próprios mecanismos de condicionamento, a realidade dos modos de produção industrial.
> — Manfredo Tafuri, *Projecto e utopia* (1985)

A mesma lógica que organiza a Cidade-Máquina deveria organizar o território como um todo: a sociedade socialista desenhada à imagem de uma "engrenagem harmoniosa", haveria sugerido Engels. Ao "novo arranjo territorial da humanidade", os planificadores construtivistas deram o nome de Aglomeração Socialista. Este modelo — que supostamente superaria a separação cidade-campo — deveria resolver o problema da concentração e da dispersão da produção/circulação/consumo de matéria e energia no território [*a.k.a.* realização da mercadoria] através de um design espacial todo pensado em termos de "coeficientes de economia". Fossem planos em círculos concêntricos, grides ortogonais, composições mais ou menos aleatórias... não havia ainda uma forma definitiva. A vanguarda arquitetônica e urbanística ainda estava estudando as possibilidades de composição do espaço, num jogo de experimentações e substituições simbólicas.

NOTA 2

A PROFECIA *DAS KAPITAL*

Em 1917, Lênin falava em "construir a máquina do Estado", dizendo que o devir comunista a destruiria automaticamente depois. De fato, o devir destruiu aquele Estado, mas sem superá-lo como esperado: entrou em colapso por suas contradições internas. Se, depois de Lênin, Stálin detonou tudo o que de progressista foi proposto pela vanguarda, isso não depõe a favor de um Estado original que seria, este sim, emancipatório, mas o contrário: revela a negatividade intrínseca ao processo disparada desde seu princípio, e só demonstra como foi o próprio Partido Bolchevique que chocou o ovo da serpente.

Honrando o mito, o colapso da URSS encontra-se na sua própria gênese — mas, diferente do Gênesis bíblico, este termina sem apoteose. (Parece que o fim do "socialismo" na Rússia não foi marcado por nenhum rompante. Como se vê na *Elegia Soviética* de Sokurov,[7] foi antes o contrário: o colapso não passou de uma degradação entediante.[8]) Seu pecado original é a *tomada do Palácio* — não o ato do assalto (aí sim vemos

7 *Soviétskaia elêguia* [Elegia soviética] (1989, 35'), dirigido por Aleksandr Sokurov.

8 Outra boa narrativa fílmica sobre o fim da União Soviética, mais animada, mas não menos melancólica, é *Taksi blyuz* [Táxi blues] (1990, 110'), dirigido por Pavel Lungin.

momento revolucionário), mas enquanto metonímia para *poder do Estado*.

Para Marx, o *pecado original* da economia política é a acumulação primitiva d'*O Capital*: do capítulo da acumulação primitiva (XXIV) passa ao da moderna colonização capitalista (XXV). Mas parece que o livro foi lido pelo Partido Bolchevique não como *crítica a*, mas como *manual de* Economia Política. Preobrajenski, também conhecido como o pai do planejamento soviético, deve ter lido com atenção particular estes dois capítulos para depois aplicá-los sob a rubrica da Doutrina Socialista Científica — a ponto de reivindicar uma barbaridade como a "acumulação primitivista socialista". A formação do *Estado socialista* se dá então sob regime de colonização interna e acumulação estadista de capital, correspondentes aos processos de separação entre terra, trabalho e capital: a pilhagem não só das propriedades privadas, mas também das terras comunais, pelas mãos do Estado — que passa a ser "proprietário-proletário" (!?) dos meios de produção —, acompanhada pela proletarização total da população, num processo violento de mobilização do trabalho, em que a classe trabalhadora é comandada lá de cima segundo o modelo taylorista de divisão social do trabalho. A industrialização brutal, que se realiza exercendo o terror sobre a classe trabalhadora, revela a realidade última da burocracia: aquilo que aparece como "ditadura do proletariado" não passa da continuação do poder da economia, a salvação do essencial da sociedade mercantil que mantém o trabalho-mercadoria.

De 1917 aos anos 1930, momento em que os modernistas estavam convocados a "Construir a União

Soviética!", a assim chamada *modernização retardatária* que se dá na URSS passa pelas fases (faces) de comunismo de guerra, Nova Política Econômica (NEP) e primeiros planos quinquenais, concentrando aí, num intervalo assustadoramente breve de tempo, cerca de duzentos anos do desenvolvimento capitalista no Ocidente. A concentração da ditadura nas mãos da representação da ideologia foi defendida com máxima consequência por Lênin. O nome que então se dá ao Estado Moderno que se forma nesse processo, sobre as estruturas do velho Império Russo, é União das Repúblicas Socialistas "Soviéticas" — enquanto os *sovietes* mesmos, quer dizer, os conselhos livres de trabalhadores, foram os primeiros sacrificados pelo Partido, e enterrados sob calúnia (não esqueceremos Kronstadt) em nome da sagrada planificação econômica do Estado.

Uma vez armada a máquina do Estado Moderno, dispara na Rússia (e nas repúblicas submetidas a ela) o funcionamento a *full* da moderna sociedade produtora de mercadorias. A eliminação da concorrência pela centralização do comando das empresas estatais e a generalização da propriedade nas mãos do Estado podem promover a ideia de que a burguesia foi derrotada, sem, contudo, eliminar a célula-germinal, o núcleo duro d'*O Capital*: a forma mercadoria. Dizer que a manutenção da forma mercadoria pela modernização soviética respondia às necessidades de "produção em massa para necessidades de massa" (Maiakóvski) é uma patifaria, porque a forma mercadoria não diz respeito às necessidades concretas que as pessoas têm das coisas, mas sim a uma *forma de relação social baseada numa abstração que é a produção de valor.*

O fato de que o trabalho vivo, ao produzir mercadorias, se transforma em trabalho morto, representado na forma encarnada da economia, condena o trabalho social à forma fetichista do trabalho como um valor abstrato. Para as imensas massas mobilizadas pelos apelos da propaganda (não basta a coerção, são necessárias as "forças fictícias", como diria Piglia), a revolução já não se encontrava mais na revolta, mas na rendição incondicional à força de trabalho. Tudo aquilo que é apresentado como a racionalidade do "mercado planejado", então, não passa de mais uma máscara de caráter da irracionalidade da reprodução capitalista — da máquina que traz em si sua própria finalidade (D-M-D').

O proletariado soviético, portanto, nunca se emancipou: permaneceu cativo à tautologia do trabalho abstrato, transformado ideologicamente em religião secularizada, enquanto o "Estado-Proletário", este ente esquizofrênico por excelência..., virou um verdadeiro *Deus Ex Machina*.

Dos constructos ao colapso

Ao contrário do que se propaga por aí, a derrocada da URSS não significou a vitória do Capitalismo sobre o Socialismo, nem da economia de Mercado sobre a economia de Estado, nem da burguesia sobre o proletariado, muito menos do "bloco democrático" sobre o "totalitário" (até porque a realidade em geral segue sendo um híbrido esquisito de tudo isso...), mas sim o colapso de um tipo histórico de capitalismo, estruturalmente baseado na reprodução planificada do capital produtivo (cujo giro tem que ser sempre ampliado), numa época em que a aceleração do desenvolvimento tecnológico (informático, microeletrônico) interferia na produtividade do trabalho vivo (o sangue que anima a máquina, ou a alma sugada pela mais-valia) e obrigava a qualquer economia, diante da queda substancial da autovalorização de capital, a submeter-se a grandes investimentos financeiros se quisesse continuar rentável. Assim, num sistema monetário planetário, a saída soviética foi abrir-se às economias estrangeiras. No fim das contas, isso significa, e não outra coisa, o marco histórico de uma imensa manifestação da crise intrínseca ao próprio desenvolvimento capitalista; e a Perestroika não passou de mais uma reinvenção necessária de si desse mesmo sistema.

Contra qualquer liberal que diga que o colapso da União Soviética e do bloco socialista é a demonstração (moral) do erro do marxismo, que fique bem claro como — apropriando-se do pensamento de Marx (sem defesa ideológica do ismo) — é totalmente o contrário disso: primeiro, porque só confirma o argumento básico d'*O Capital* (o telos tautodestrutivo da contradição *capital* × *trabalho*); depois, porque reforça ainda mais seu sentido revolucionário emancipatório.

> [...] os elementos materiais de uma subversão total, que são sobretudo, de um lado, as forças produtivas existentes e, de outro, a formação de uma massa revolucionária que revolucione não apenas as condições particulares da sociedade até então existente, como também a própria "produção da vida" que ainda vigora — a "atividade total" na qual a sociedade se baseia —, se tais elementos não existem, então é bastante indiferente, para o desenvolvimento prático, se a ideia dessa subversão já foi proclamada uma centena de vezes — como o demonstra a história do comunismo.
>
> — Karl Marx & Friedrich Engels, *A ideologia alemã* (1846)

A violência e o fim da história

História posta à prova, a Revolução virou aporia. Na ressaca do Centenário, celebrado com descaso em 2017 pela Rússia Putinista (outra bizarria bizantina), o cheiro da deterioração histórica e semântica da palavra Revolução é de enjoar. De seu único sentido poético possível — o da insurgência popular para a subversão total da realidade que está dada —, sobrou pouco ou quase nada; na verdade, esta ideia já vem apodrecendo aos poucos desde a época em que as propagandas de Estado exaltavam o espírito revolucionário como convite (coercivo) ao proletariado a fazer-se máquina.

Com isso, também o conceito de *comunismo* entrou em decomposição: de relações sociais comuns e conscientes da produção da própria realidade, passou a metonímia para *economia de comando estatal* — não falamos aqui em *socialismo real* porque ainda queremos preservar algo possível de seu sentido poético original, já que a realização do socialismo não tem nada a ver com aquilo que foi realizado no "Bloco do Leste".

NOTA 3

CONTRADITORIAMENTE, O CONSTRUTIVISMO FOI REVOLUCIONÁRIO

O que há de revolucionário no construtivismo não é o *avanço* — no sentido positivo do progresso, do *continuum* do tempo, do trem da história —, mas a *invenção*, que irrompe a temporalidade, que suspende o que está dado, o *instante de síntese*.

A verdade é que aquilo que foi inventado pela vanguarda, naquele lugar e época, determinou definitivamente o devir das poéticas e das técnicas produtivas do século XX em diante.

O princípio de tudo se encontrava antes mesmo da Revolução de Outubro. Em nenhum outro lugar do mundo a vanguarda artística estava apoiada por uma revolução linguística, como aquela proposta pelo formalismo russo. A ideia era que, apurando ao limite a sintaxe das coisas, se poderia reinventar tudo o que estava dado como realidade. O domínio consciente sobre a forma significaria a vitória sobre a forma: do sujeito sobre o objeto, da criação sobre a alienação. E depois de tudo (!!!) o que aconteceu em 1917, a vanguarda artística desloca seu front, assume a vertente política da palavra. O método de criação da arte se anuncia aí como possibilidade da reapropriação revolucionária do mundo, e é a isso que cantam os poetas futuristas, em suas fábulas geométricas, encantados com os canteiros da industrialização.

Estes, que não estavam na guerra, nem na labuta bruta do campo ou da indústria, mas à deriva pelas ruas, nos saraus de poesia, na formação das instituições de cultura, eles mesmos reivindicavam participar do processo de produção do novo mundo, anunciando a morte da arte e sua conversão em trabalho técnico. Se agora o Proletariado era a totalidade, se era essa a classe que levaria a cabo a dialética, então não restava outra saída para a vanguarda, se quisesse manter inalterada sua vocação antecipadora e profética, senão optar pela própria proletarização.

A atmosfera deste lugar e época era, sem dúvida, apaixonante. Imagina o que não foi a experiência dos Ateliês Superiores Estatais de Arte e Técnica (Vkhutemas),[9] que em 1920 fundia a Escola de Belas Artes com as Artes e Ofícios e a Politécnica, abrindo terreno para as pesquisas mais avançadas em todas as áreas da produção concreta (o estudo das expressões formais de cada matéria!), animada por debates intensos sobre o espírito eletrizante do socialismo. Mas tudo o que é apaixonado (e como desejamos alcançar este estado!) também é muito iludido.

O problema é que a economia política mistifica a técnica, sob o signo comum da matemática — código supremo da Razão. O que a vanguarda não se dá conta é que, ao subordinar-se aos planos do Estado, boicota a própria vocação emancipatória da produção da forma. Os métodos maravilhosos de investigação que inventa — os estudos

9 Em russo, Вхутемас, acrônimo para Высшие художественно-технические мастерские, ou Vysshiye Khudojestvenno-Tekhnicheskiye Masterskiye, instituídas por decreto de Vladimir Lênin.

avançados voltados às possibilidades de desalienação da técnica — terminam vencidos pela técnica convertida em poder simbólico, ou Espetáculo. A representação revolucionária do proletariado tornara-se ao mesmo tempo o fator principal e o resultado central da falsificação geral da sociedade: a *representação operária* opõe-se radicalmente à classe. Ao invés de abolir o trabalho abstrato, a verve revolucionária acaba virando invocação de signos tecnológicos, propaganda tecnificada para promover exatamente aquilo que deveria superar: a alienação. E, antes que se passe à busca dos culpados da história (uma mania bolchevique, diga-se de passagem), que deixemos claro: o problema não se trata de "ingenuidade" dos artistas, como irão querer defender uns, e tampouco da má-fé deliberada (que de fato reinava) dos dirigentes do Partido, mas de *fetichismo*: um caráter social da consciência, formado na *socialização pelo valor*. A contradição nuclear do projeto soviético, que mais cedo ou mais tarde explodiria como uma bomba atômica, estava em planejar construir a máquina social do comunismo sem destruir o motor à explosão do modo de produção capitalista.

NOTA 4

TUDO O QUE É SÓLIDO DESMANCHA NO AR

Com todas as contradições envolvidas, o princípio da economia planificada soviética projetava um modo de produção *produtivo*, e o construtivismo concebia o espaço para uma sociedade que realmente produzia valor ("de seu, o valor da mercadoria só representa trabalho humano, pura e simplesmente, dispêndio de trabalho humano"). E essa não é só uma formulação teórica, porque tinha efeito no modo concreto como se produzia — e se pretendia produzir — a vida: a casa significava habitar, a fábrica significava produzir, o clube significava descansar ou se divertir; toda parte em seu devido lugar da reprodução social. Quer dizer: a sintaxe construtivista produzia o que significava, e a arquitetura continha, em si, seu sentido total de ser.

Já as construções recentes... não significam outra coisa senão a autodestruição da arquitetura e do meio urbano. Do ponto de vista da valorização do valor, a especulação imobiliária, que detona terrenos inteiros para empilhar caixas e caixas de propriedades privadas, é o inverso do construtivismo: pois, para a reprodução capitalista pós-colapso, esses edifícios feios não têm outro sentido senão servir de *input* artificial para a valorização de um capital categoricamente improdutivo. Essas arquiteturas, recém-erguidas ou renovadas, não passam de aparições fantasmagóricas que servem apenas à multiplicação tridimensional de espaços-lastros de capital financeiro.

A última coisa que importa é para que são úteis, pois o que vale é a existência virtual. Mas, como nenhuma mercadoria vira dinheiro se não for trocada, estes empreendimentos incorporam ainda outra faceta da forma mercadológica, e assim exigem usos elaborados só em função do consumo. Daí que, na era da economia fictícia, essas estruturas físicas são preenchidas com *qualquer atração: coworkings*, *crossfits*, cafés com *wifi*, *studios*, estádios, galerias de arte, 2&3 dormitórios... o uso — ou consumo — da cidade varia de acordo com a moda, de modo que o espaço social se deforma em *commodities*.

Portanto, julgando o gosto dos entusiastas nostálgicos do modernismo, pode-se dizer que acham chique a arquitetura projetada para a reprodução do capital produtivo e cafona as construções próprias da época do capital especulativo. E este é um juízo meio difícil de ser feito porque, primeiro, envolve toda uma psicogeografia do fascínio humano pela máquina (e os surrealistas nos deram pistas psicanalíticas importantes quando investigaram o efeito onírico que tem a alienação no mundo moderno); depois, porque, quando mira atingir o fetichismo, a crítica radical anticapitalista afeta as fés mais convictas.

E o que não faltam por aí são apologistas do projeto, fãs do planejamento de Estado, fabricados em série pelas instituições órfãs do leninismo que ainda formam a esquerda em geral, e que agora se atualizam dando novo verniz às velhas ideologias modernas do urbanismo, da economia, da arte etc., organizadas segundo o modelo da separação.

> Todas as revoluções somente aperfeiçoaram a máquina em vez de quebrá-la. Os partidos que lutaram alternadamente pelo poder consideraram a tomada de posse desse monstruoso edifício estatal como a parte do leão dos despojos do vencedor.
> — Karl Marx, *O 18 Brumário de Luís Bonaparte* (1852)

TERCEIRA PARTE

Das Konstruktsii

FÁBRICA AUTOMÁTICA DE PÃO Nº 5

Rua Khodinskaya #2

> Desde sempre, os edifícios que servem à comunidade concentram energia criadora. Eram, de acordo com a ordem social dominante, edifícios de culto e governo. Sua força pode ser superada com a constituição de novas fontes de energia para nossa cultura atual. Faz anos que, com esta intenção, pensa-se em construir palácios, só que convertidos em "palácios do trabalho". Ora, se quisermos usar em nosso sistema o conceito de palácio, tratemos de transformar a fábrica em palácio do trabalho.
> — El Lissitzki, *O círculo como fonte social de energia* (1929)

Foi a quinta de uma série de doze fábricas de pão instaladas em Moscou entre 1924 e 1935, com plantas baseadas em sistemas de automação. O programa destas padarias industriais integrava a coletivização do campo ao urbano, num arranjo geral que articulava produção, distribuição e consumo e que servia não só à organização do cotidiano coletivizado (as tarefas domésticas assumidas pelo Estado), como também libertava a cidade das padarias privadas, preservadas pela NEP.

Em relatórios apresentados junto ao projeto do novo plano urbano de Moscou, de 1935, sobre os investimentos de capital na cidade entre 1924 e 1934, revelou-se que a instalação destas fábricas havia sido tão privilegiada quanto o desenvolvimento do transporte e do saneamento urbano. O pico dos investimentos ocorreu entre 1931 e 1932, depois que uma resolução do partido determinou a transição total da produção de pão em Moscou para a panificação mecanizada, pois o aumento da produtividade de grãos nos primeiros planos quinquenais exigia a construção destas instalações com urgência, para escoar tanta mercadoria-grão. Nesta época, uma multiplicidade de projetos de padarias automatizadas é produzida pelos estudantes de arquitetura em trabalhos de graduação.

A Fábrica Nº 5 foi a primeira a implementar, em 1931, um sistema de automação absolutamente original inventado por G. P. Marsakov, que concebia o próprio edifício da fábrica como máquina. Seu protótipo cilíndrico continuou sendo implementado nas fábricas construídas a seguir, três outras em Moscou e mais duas em Leningrado. Neste sistema, um elevador central dinamiza a produção, integrando os silos de armazenamento aos passos da panificação: no piso superior, os moinhos e a sessão de fermentação; abaixo, o processamento da massa; mais abaixo, a sessão de corte; e, nos pisos inferiores, os fornos e a

Хлебозавод № 7
Замоскворечье.
План 1-го этажа

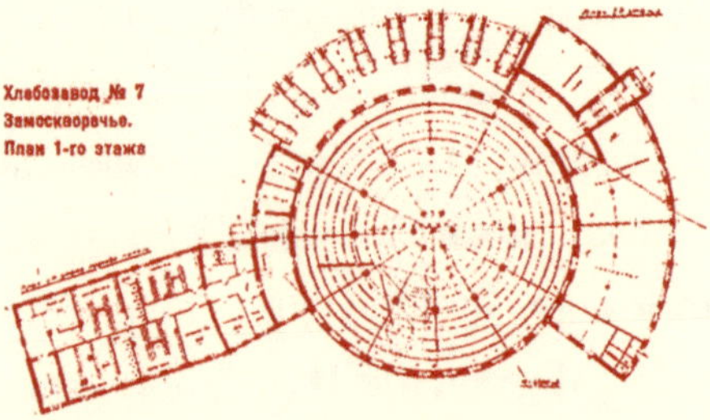

ala de distribuição. Na área quadrada adjacente estão as salas de administração e convivência. O edifício-fábrica é movido pela energia de caldeiras instaladas noutra parte anexa, com uma grande chaminé; o abastecimento de água vem de poço artesanal.

Observada de fora, a forma arredondada e a fachada de tijolos vermelhos marcava a paisagem de Moscou, e logo a Fábrica Nº 5 ganhou sentido icônico para o cotidiano da cidade. Em 1968, foi premiada com a Ordem da Bandeira Vermelha do Trabalho por seu valor arquitetônico. Em 1978, recebeu o nome de Vassily Zotov, em homenagem ao planejador do programa das padarias automatizadas.

O valor literário das crônicas do colapso

O sentido que a icônica Fábrica Zotov assumiu no cotidiano moscovita aparece retratado numa reportagem que o *The New York Times* fez em agosto de 1991, tematizando a dissolução dos privilégios dos oficiais do Partido Comunista que ocupavam os altos cargos de direção das empresas estatais, ao noticiar o episódio em que a *comunista-chefe* da Fábrica (evidentemente retratada como uma mulher histérica) dá um *chilique* com Boris Yeltsin, dizendo a ele que sabe "mais de pão do que de proselitismo do partido". Um trecho particularmente interessante dá o tom do entusiasmo ianque com a Perestroika:

> No pátio de distribuição da fábrica de pão, Piotr Ladnyuk, o porteiro, jogava migalhas do excelente pão da fábrica para os

pombos, enquanto espalhava menos simpatia aos ansiosos comunistas da república. "Duvido seja preciso de comunistas para fazer um bom pão neste país", disse o Sr. Ladnyuk, que não é do partido e relaxava ao modo lento do trabalho soviético, sorrindo numa tarde ensolarada enquanto seu gatinho de estimação andava altivo pelo pátio, do mesmo jeito que os chefes do partido costumavam fazer.[10]

Agregar valor à engrenagem

Mesmo depois do fim da URSS, a fábrica continuou funcionando como empresa estatal. Foi tombada como patrimônio cultural a ser protegido pelo Estado em 2004, mas em maio de 2006, num surto esquizofrênico normal ao Poder Executivo, o terreno municipal que incluía a fábrica e mais dezessete edifícios é vendido para a Coalco.

> Somos o grupo de empreiteiras líder na Rússia! Nossas atividades incluem: gestão de projetos na esfera de imóveis residenciais, comerciais e industriais, ativos fundiários, desenvolvimento de empreendimentos em territórios complexos em Moscou e região. Hoje, existem projetos com área total superior a quinze milhões de metros quadrados no

10 "Russians Whisking the Party From the Workplace" [Russos arrancam o partido de seus postos de trabalho], em *The New York Times*, 8 ago. 1991. Disponível em <http://www.nytimes.com/1991/08/08/world/russians-whisking-the-party-from-the-workplace.html>.

> portfólio da empresa. O banco de terras da Coalco perfaz cerca de vinte mil hectares. Em vinte anos de atividade de sucesso, a empresa contribuiu para a formação da imagem arquitetônica das megalópoles atuais![11]

Dois meses depois da venda, o prefeito de Moscou assina uma ordem de demolição e transferência das atividades da fábrica para os arredores da capital. Então, em janeiro do ano seguinte, a fábrica *espontaneamente* explode num grande incêndio. Vinte equipes de bombeiros trabalham para salvar ao menos sua carcaça. Em setembro de 2009, o Comitê Central de Supervisão de Construção da cidade de Moscou emite uma licença para construção no local: o projeto lançado então era o centro de negócios Crystal Tower, mas a "crise" de 2010 força a empreiteira a rever o projeto; decide-se aí mudar o conceito e construir um "complexo residencial multifuncional para a *Business Class"*: o Presnya City.

11 "About the company" [Sobre a companhia], em Coalco. Disponível em <http://coalco.ru/en/company/>.

"Cada detalhe do Presnya City foi cuidadosamente pensado para enfatizar o status do empreendimento e de seus moradores."

"Viva em uma das torres do complexo Presnya City, e Moscou se abrirá para você até o horizonte!"

"Se um habitante de Moscou dos anos 1930 fosse transportado para nossos dias, ele não acreditaria que sobre a Fábrica Nº 5 estariam erguidas as majestosas torres Presnya City! O aroma do pão recém-saído do forno se mistura ao de café e ao sabor da liberdade e da criatividade. Esta é a tarefa que propomos ao projeto do complexo multiuso Presnya City: preservar a história e continuá-la!"[12]

Shopping Center Histórico

Quando, em 2013, o Tribunal da Cidade de Moscou pede a devolução do terreno e do edifício histórico à municipalidade, o julgamento termina com o acordo sob o qual a empreiteira se compromete a restaurar a fábrica junto à construção do novo empreendimento — convenientemente, já que toda mercadoria exige uma marca para ser comprada. Assim, o construtivismo é incorporado à Presnya City como imagem.

Para o Marketing, a arquitetura histórica insólita da vanguarda invoca as palavras Arte e Cultura como

12 "Presnya City", em Coalco. Disponível em <http://coalco.ru/en/projects/houserooms/presnya-siti/>.

ПРЕСНЯ
СИТИ
ЖИЛОЙ КОМПЛЕКС
Метро «Улица 1905 года», «Белорусская»
COALCO
MR Group
БЕСТ
НОВОСТРОЙ
495 995-15-25
www.best-novostroy.ru

metonímias para Lazer e Consumo. Um *shopping center* com diversas atrações — museu do pão, padaria *gourmet* e galeria de arte contemporânea inclusas — será montado no interior da velha Fábrica, enquanto no entorno um verdadeiro *território de arte* [sic] será aberto ao público: o site do empreendimento ostenta com orgulho a instalação de enormes esculturas de cavalos galopando em círculo (remetendo ao "icônico" hipódromo de Moscou, localizado ao lado), além de figuras de animais exóticos que brilham no escuro (!!!), em homenagem ao Jardim Zoológico.

1931

Teatro *hacker*

Ficção por ficção, entramos no jogo: método teatro *hacker* para desvio de informação. Entrei no escritório de vendas, que ficava dentro do edifício da Fábrica, a fim de simular a compra de um apartamento. Por dentro, nem se nota que o escritório está num edifício redondo: as divisórias armadas são tão quadradas quanto as mesas, as cadeiras e as telas de televisão distribuídas por toda parte, que reproduzem em *looping* um *vídeo-render* do empreendimento. Ao centro do salão, potenciais felizes proprietários de apartamentos em Presnya City se debruçam sobre o modelo reduzido das torres, com mais de dois metros, e riem quando a maquete começa a se comportar como um brinquedo de automação.

Uma corretora loira, alta, magra e super bem vestida me atendeu em inglês. O apartamento de um dormitório e 48,6 metros quadrados que me foi ofertado na torre Б sairia por 13.337.000 rublos, e ela garantiu que, pagando 50% do valor como entrada, daria especialmente pra mim (porque *sim*, veja só essa estratégia "exclusiva") um desconto de 9%, o que faria com que meu imóvel saísse por 12.137.000 rublos ou, na cotação daquele dia, 174 mil euros. A torre Б tem 528 unidades, a torre A, 516 unidades e a torre B, 538 unidades. Assim que, ao todo, são 1.582 unidades disponíveis, variando os tipos entre um a três dormitórios, de 42 a 85 metros quadrados, e o preço de 174 mil a 350 mil euros por imóvel. Fazendo os cálculos por alto, numa área total de 199.941 metros quadrados, um montante a ser faturado de no mínimo 414 milhões de euros ou 31,4 bilhões de rublos — apenas na venda de apartamentos residenciais.

FÁBRICA AUTOMÁTICA DE PÃO Nº 9

Rua Novodmitrovskaya #1

Segue a mesma planta de edifício-máquina inventada por Marsakov — esta, porém, erguida em 1933. Enquanto o edifício da Fábrica em si está vazio, numa situação de devir difícil de ser conhecida, sua presença na paisagem já foi capitalizada.

> Assim como os bolcheviques há um século, os *hipsters* também estão tomando as fábricas uma atrás da outra, e as redestinando de acordo com as suas vontades.[13]

Todo o pátio da Fábrica Nº 9 e os edifícios adjacentes foram tomados por um *shopping center hipster*; tudo aquilo que se pode identificar como o clichê deste *status* está presente aí: cafés com *wifi*, *coworkings* com pingue-pongue, mercadorias do Pinterest, *grafittis*, contêineres, uma sobreacumulação de *likes* geolocalizados por satélite: o *hipster* como adjetivo global da homogeneização do espaço pós-industrial e signo da valorização fictícia.

Aqui se encontra a sede da empresa Moscou Pelos Olhos De Um Engenheiro, uma "*startup* de sucesso" [sic], especializada no "mercado de excursões urbanas

13 "Moscow is illuminating reflections", em *Lonely Planet*. Disponível em <https://www.lonelyplanet.com/russia/moscow>.

como um nicho do ramo do lazer, diz Airat Bagautdinov [o CEO], comparando com *Quest Markets*" — algo intraduzível devido à abstração do vocabulário *business* (de conceitos que são vendidos enquanto conceitos), mas, pelo que entendi, trata-se de um modo de capitalizar a própria (in)formação, um meio de agregar valor a si mesmo, nessa época em que, abandonado pelo setor produtivo, o proletariado torna-se empreendedor da própria sobrevivência, tendo que se vender num mercado de imagens.

"Acredito que precisamos agir juntos para desenvolver o mercado: cooperar com a cidade e o Estado, investir dinheiro público na publicidade de excursões urbanas. No momento, via de regra, as pessoas escolhem entre cinema, teatro, concerto ou *Quest* ao planejar suas atividades de

lazer. Queremos adicionar excursões a essa lista e torná-las um padrão geralmente aceito", diz Bagautdinov.[14]

A empresa, que vende *tours* pelas arquiteturas de vanguarda e outras obras da engenharia russa, tinha em 2016 um giro de capital de 1,5 milhão de rublos por mês. Em sua sede, na Fábrica Nº 9, pode-se comprar uma porção de *produtos construtivistas*: publicações, souvenires, palestras... No site, os serviços vendidos podem ser adquiridos através de diversos tipos de pagamento (carnês, créditos etc.). Além disso, tem escola de formação para guias turísticos especializados — *oportunidade* para a classe trabalhadora contemporânea, especialmente para a categoria "intelectual", condenada a ser precarizada, e que prefere se dedicar a uma atividade de geração de renda um pouco mais ilustrada do que virar Uber.

14 "Airat Bagautdinov opens project Kazan Through the Engineer's Eye" [Airat Bagautdinov inaugura projeto Kazan Pelos Olhos De Um Engenheiro], em *Realnoe Vremya*, 16 nov. 2016. Disponível em <https://realnoevremya.com/articles/920>.

GAZETA *PRAVDA*

Rua Pravda # 24

Pravda, em russo, quer dizer “verdade” — nome da gazeta clássica da URSS.

Pensem no peso simbólico de um jornal oficial estatal chamado *Verdade*.

Funcionava — redação e gráfica — num conjunto arquitetônico projetado por Panteleimon Golosov (irmão de Igor Golosov, mais famoso). Edificado entre 1931 e 1937, e por isso identificado como “construtivista tardio”, um período posterior, porque nesta época o construtivismo enquanto movimento institucionalizado já estava proibido pela política socialista realista stalinista, mas aparentemente os setores da construção civil não foram estúpidos para dispensar totalmente o emprego de seus elementos formais e técnicos avançados.

Eis um excerto desviado sobre seu valor [sic] arquitetônico:

> o equilíbrio entre superfícies de concreto monumental e vidro, entre espaços construídos e integrados (varandas, *loggias*, arcos), entre simétricos e assimétricos, é quase impecável. Seu requintado interior *art-déco* incluía mobiliário e iluminação especialmente desenhados pelos artesãos vencedores da 12ª Oficina de Arquitetura.[15]

15 "The Constructivist Project" [O projeto construtivista]. Disponível em <http://theconstructivistproject.com/ru/object/26>.

Primeiro, em 2006, o prédio principal, veja bem, sofre um incêndio (indício do que já sabemos) que só não atingiu os três primeiros andares, e desde então permanece desocupado. Depois, pesquisadores do "condephaat russo" não incluem a todos os prédios do conjunto como objetos de valor para o patrimônio cultural.[16] Então, em 2017, o Grupo PSN, uma das maiores incorporadoras da Rússia (dona de 740 mil metros quadrados de propriedades residenciais e comerciais em Moscou e São Petersburgo, além de quarenta mil hectares de ativos de terras, segundo seu site), anuncia o lançamento de um novo empreendimento em todo o terreno. Trata-se de um "bairro multifuncional — um novo conceito de paisagem unificada", a ocupar uma área total de 196 mil metros quadrados, entre vazios verdes e arranha-céus "perfeitamente integrados", com térreo comercial e torres para todas as modalidades de propriedade privada. O nome do empreendimento? *CIDADE VERDADE*.[17]

Ao que parece, o edifício mais notável do conjunto original, destacado como o único com valor histórico comprovado pelos "peritos do patrimônio", deverá permanecer de pé. Dará lugar ao Centro de Cultura Urbana Pravda, comunidade criativa [sic] que será gerenciada

16 Denunciado por @Archnadzor em um post em sua página no Facebook em 15 abr. 2017.

17 "City Quarter Pravda", em PSN Group. Disponível em <https://en.psngroup.ru/prodazha/pravda-prodazha.php>.

pelo próprio Grupo PSN. A "implementação" da nova planta — quer dizer, a demolição dos edifícios antigos para construção do novo monstro — é anunciada em três etapas: a primeira estava marcada para iniciar no terceiro trimestre de 2017, com entrega prevista para 2021.

No dia 19 de outubro de 2017, a menos de uma semana do Centenário da Revolução de Outubro,[18] é flagrada em Moscou a destruição da *Verdade* soviética.

18 Mantemos aqui a data simbólica de 25 de outubro para efeitos lúdicos.

CONJUNTO HABITACIONAL DA FÁBRICA DE BORRACHA

Travessa Truzhenikov, # 4/1; 2/2;

Rua Pogodinskaya, # 2/3; 2/3c1; 2/3c2

Conjunto habitacional composto por cinco edifícios, entre a travessa Truzhenikov e a rua Pogodinskaya — projetado por Alexander Volkov, Yakov Ostrovsky e Valentin Bibikov, e construído entre 1928 e 1929. O que importa aqui é que este conjunto não pode ser entendido separado do Clube da Fábrica de Borracha (1928) que fica na esquina — esta sim, uma construção construtivista reconhecida, projetada por Konstantin Melnikov, que inclusive figura no guia da FIFA, e onde até mais ou menos recentemente funcionava um clube de charme decadente, com bar, karaokê e sauna (por *delay* materialista da história, os turistas da Copa perderão a oportunidade

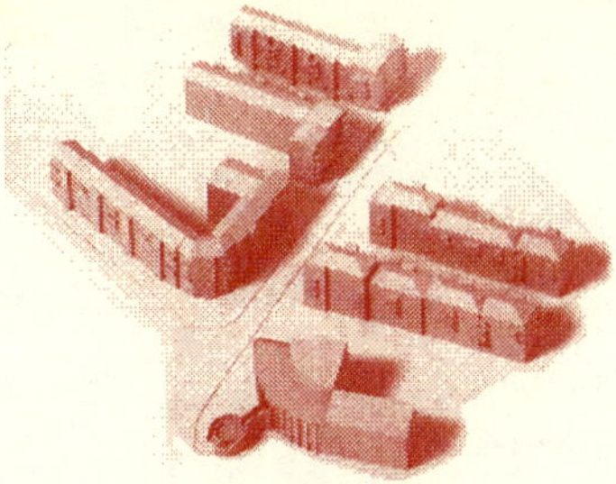

de desfrutá-lo). Trata-se de um complexo construído pela União de Trabalhadores da Indústria Química, cujo arranjo todo é muito significativo sobre a organização da vida cotidiana projetada pelo e para o novo Estado socialista, em plena industrialização.

Sobre sua importância arquitetônica, parece que o maior prédio do conjunto, que outrora ficava na esquina da Pogodinskaya, tinha formato de 7 e, no vértice, apontado para o clube (redondo), ao invés de uma quina, tinha uma aresta marcada verticalmente por uma linha de janelas que iam do chão ao teto — um baita arrojo para a época. Mas, ao longo das décadas, a matéria sofre os efeitos do tempo, e a aparência precária dos edifícios evidencia a negligência geral e a degradação concreta da época ápice da habitação social e dos clubes operários.

Em 2012, porém, o conjunto todo foi incluído numa lista de construções históricas do município. Três anos depois, a Comissão Municipal de Moscou para Desenvolvimento Urbano em Áreas de Conservação (também conhecida como *Comissão da Demolição*) permite que seja destruído por uma incorporadora. Os moradores são removidos, deslocados a força.[19] Ao que parece, o apoio da "opinião pública" à demolição foi fabricado por *fakenews*, difundidas à época, de que estes edifícios serviriam de abrigo para sem-teto. Assim, em sites e redes sociais, os avatares do fascismo bradam que a única salvação para o bairro seria pô-los abaixo e abrir aí um canteiro. Depois, em 2016, o episódio da demolição ainda se tornou notícia porque dois deputados que lá estavam tentando impedir o avanço dos trabalhos foram espancados pelos seguranças da obra.[20]

Quer dizer: para a preservação dos edifícios, não interessa a história concreta do construtivismo — não para a *Moscou-Commodity*. Se não tem uma forma insólita que

19 "Demolition of Moscow 'workers' villages' raises fears for avant garde heritage" [A demolição das "vilas operárias" de Moscou levanta temores de uma herança de vanguarda], em *The Guardian*, 15 jun. 2016. Disponível em <https://www.theguardian.com/world/2016/jun/15/demolition-of-moscow-workers-villages-raises-fears-for-avant-garde-heritage>.

20 "Moscow District Deputies Beaten as Constructivist Quarter Demolished" [Deputados distritais de Moscou espancados durante demolição de quadra construtivista], em *The Russian Reader*, 15 jun. 2016. Disponível em <https://therussianreader.com/tag/pogodinskaya-quarter/>.

possa ser esvaziada de sentido e transformada em cenário (ao que tudo aponta, eis o futuro do clube de Melnikov), ou se nenhum personagem conhecido tenha aí vivido (um fenômeno comum em cidades colonizadas pelo capital imagético, assim como Praga virou a Disneylândia de Kafka), então a história do lugar não é ficcionalizada pelo espetáculo da própria imagem. Não vira atração turística.[21]

Só que o capital fictício se territorializa por várias vias: especulação imobiliária por excelência. Assim, em 2017, começa a ser erguido no lugar da velha vila operária um novo empreendimento, imenso, ao estilo *neoStalinista*. Desde muito longe já se veem seus guindastes gigantes. A localização, no distrito de Khamovniki, ao lado do rio, é um atrativo [K], assim como a vista da varanda voltada para as torres de vidro superacumuladas no centro financeiro da capital russa. E, a julgar pelos *renders* que decoram os tapumes do canteiro, parece que, quando o novo prédio estiver pronto, o céu de Moscou estará cor de rosa.

21 “Погодинская”: громко спасали, снесут по-тихому? [“Pogodinskaya”: resgatada aos berros, demolida em silêncio?], em YouTube, 23 mai. 2016. Disponível em <https://www.youtube.com/watch?v=dyQ-o0XAyq4>.

NARKOMFIN DOM-KOMUNA

Bulevar Novinski, #25

A vedete do construtivismo moscovita, ícone síntese da crise da arquitetura de vanguarda. Última moda modernista russa, figura em alta no mercado mundial de imagens do espaço, amplamente propagada em páginas de *tumblrs* e *instagrams*, assuntada em centenas de notícias, personagem principal de dois filmes (fantásticos, aliás).[22] Fisicamente, porém, o prédio está marcado por décadas de apodrecimento da matéria. Sua existência estranha em meio a uma área poderosa e valorizada de Moscou (escondido entre a embaixada ianque e um enorme *shopping center*, também ofuscado por um dos mais suntuosos arranha-céus stalinistas) se tornou há algum tempo terreno de disputa de imensos investimentos.

Quer dizer que, entre o modo como aparece e o estado em que se encontra, existem desníveis a serem considerados — é exatamente entre as camadas de contradição que se escondem as fantasmagorias da forma mercadoria.

22 *Away from all suns* [Longe de todos os sóis] (2013), dirigido por Isa Willinger; e *Dom novogo byta* [Casa para uma nova vida] (2008), dirigido por OginoKnauss.

Coletivização & Contradição

A *Casa-Comuna* era um dos três tipos de *Condensadores Sociais* concebidos pelos arquitetos-planejadores construtivistas, tão dedicados às formulações conceituais do sentido da arquitetura no socialismo quanto à inovação dos métodos e técnicas construtivas. A aceleração da modernização soviética exigia um progresso tal qual na habitação, e as novas noções de tipificação e racionalização do espaço pareciam, logicamente, resolver o problema nestes dois aspectos: tecnicamente, deveriam ser viáveis para aquele nível de industrialização, servindo inclusive para impulsionar o desenvolvimento industrial da construção civil; ideologicamente, por sua vez, a *standartização* do cotidiano funcionaria como meio para conformar a consciência do *novo homem* em direção ao *novo modo de vida*, em que "socialista" queria dizer "coletivo".

A *coletivização* era, neste momento, "o" paradigma. Sua origem estava nos velhos idílios socialistas de uma vida comunitária, mas que, naquele contexto específico, ostentava novos conteúdos. Para as perspectivas mais progressistas da época, tratava-se da promessa de coletivizar a produção da vida em *latu sensu* — o que significava que todos igualmente tomariam parte da reprodução social em sua totalidade, levando as tarefas da esfera doméstica à responsabilidade da esfera pública: a cozinha, a criação das crianças etc. Era uma reivindicação levantada com muita força, sobretudo no início dos anos 1920, por mulheres (como não citar Kollontai?) que, na pulsão de se emancipar, empurravam a revolução aos termos mais radicais possíveis, revendo valores elementares da sociedade burguesa — como, por exemplo, na tentativa de decretar o fim da família (enquanto estrutura da reprodução social desigual entre os gêneros, e lastro hereditário de manutenção da propriedade privada) e, junto com ela, abolir a moral do amor burguês (desejo que se manifestava junto a uma reflexão lindíssima sobre as relações sociais e os afetos, propondo um jogo de variadas possibilidades de amar e estar junto ao outro). Essas questões todas, que tratavam da transformação do modo de vida do ponto de vista ético, eram fundamentais para que os arquitetos pensassem nas formas espaciais que pudessem dar terreno à nova sociabilidade: porque o edifício tem função, forma, estrutura, tem significado político, que é também corporal e, por isso, afetivo.

Se havia aí uma força potente para a transformação da ordem social (e, de fato, nesse momento, direitos fundamentais foram conquistados, como o divórcio, o aborto, a escolarização universal, entre outros), havia também contradições, que só se revelavam em relação ao modo como estas reivindicações efetivamente se realizavam. A história nos mostra como a libertação da mulher da instituição familiar não poderia significar sua verdadeira emancipação na medida em que a liberava da casa para levá-la à exploração na fábrica, no campo mecanizado ou em qualquer outro trabalho abstrato que fosse. Sem superar a separação patriarcal entre as esferas da produção e da reprodução material, se acumulará sobre ela o peso da dupla jornada. E, por mais que nessa época a integração da mulher ao universo do trabalho produtivo significasse sua inclusão na política (e que luta legítima esta), o processo de proletarização total da população que efetivamente se deu na União Soviética avançou sobre as cidades e sobretudo sobre o campo como progresso da violência, e não da emancipação humana. À mobilização forçada ao trabalho, operada pelo poder planificador militar do Estado, que resultou no arranque absurdo da industrialização-urbanização do país — e em milhões de mortes civis —, também foi dado o nome de "Coletivização".

> Quando alguém lê as revistas de arquitetura desse período, *Arquitetura Contemporânea* (1926–1930)[23] ou *Arquitetura Soviética* (1931–1934), não consegue acreditar que os arquitetos russos de vanguarda viviam no mesmo país que o resto da população. Eventos que os historiadores chamam de "revolução stalinista" ou "contrarrevolução stalinista", e que poderiam facilmente ser chamados de "Segunda Guerra Civil Russa", não deixaram traços nas páginas destas publicações. Arquitetos supertalentosos continuavam apresentando suas ideias brilhantes, discutindo inovações técnicas e modos de superar a separação cidade-campo — como se vivessem numa torre de marfim, ignorando o horror lá fora.[24]

23 Trata-se da revista *Sovremennaya Arhitektura* ou *Современная Архитектура*, conhecida pela sigla *CA*, publicada pela Organização dos Arquitetos Contemporâneos entre 1926 e 1930.

24 "Narkomfin narratives: dreams and realities" [Narrativas do Narkomfin: sonhos e realidades], em *Recentering periphery*, 30 jan. 2016. Disponível em <http://www.recentering-periphery.org/narkomfin-narratives/>.

Células de habitar, ou módulos de produção da vida

Antes de Stálin começar a empreender a barbárie dos planos quinquenais, a NEP já mobilizava capital — nacional e estrangeiro — para empreender no campo da construção civil. A partir de 1925, com as forças econômicas mais consolidadas, recuperadas dos anos de guerra e revolução, o Estado abre um monte de concursos públicos para a execução de projetos variados e, com eles, um terreno imenso para a realização da arquitetura de vanguarda — que até então estava sendo gestada nas escolas e nos ateliês. A perspectiva de concretização marca então uma passagem importante para a produção construtivista: das "pesquisas elementares das formas materiais", passa a se preocupar com a "edificação do modo de vida socialista". Nesse contexto, as ideias tipológicas da "nova concepção espacial da habitação" tornam-se o principal objeto dos projetos arquitetônicos, sobretudo daqueles desenvolvidos pela Organização dos Arquitetos Contemporâneos (OCA)[25] junto à Seção Stroikom da República Socialista Federativa Soviética da Rússia (RSFSR).[26]

25 Объединение Современных Архитекторов, em russo, organização que reunia o principal grupo de arquitetos que se reivindicavam construtivistas na Rússia. Funcionou entre 1925 e 1930.

26 *Stroika* vem de *stroitelstvo* (строительство), que em russo quer dizer "construção"; *kom* vem de *komitiet* (комитет), "comitê". *Stroikom*, portanto, quer dizer "Comitê

Enquete (para todos os trabalhadores)

Camarada:

1. Como você imagina o espaço construído do novo modo de vida dos trabalhadores, e o que significa para você o lado puramente utilitário das coisas, quer dizer, sua essência pequeno burguesa?

2. Quais são suas perspectivas a respeito do modo de vida? Quais são as novas necessidades que, a seu ver, estão na ordem do dia, e quais já ficaram para trás?

3. Quais são os hábitos ligados ao modo de vida que podem permanecer hábitos individuais? Quais são os que podem dar base a uma organização de trocas coletivas? [...]

6. Camarada, você teria proposições concretas para um plano de organização dos lazeres dos trabalhadores?

— "Pesquisa pública sobre o tema da casa-comuna", *CA*, Nº 3 (1927)

Os resultados últimos destes estudos foram publicados em 1929, e descrevem cinco tipos de *células de habitação*, as variantes correspondentes a necessidades diferentes, seguindo sempre o princípio do *coeficiente de economia* da relação superfície-útil × volume-construído (a forma de *função* matemática que dá corpo ao *funcionalismo*): modelos que ficarão conhecidos como *células de Stroikom*. Destas, apenas a *célula de tipo F*

de Construção". RSFSR é a República Socialista Federativa Soviética da Rússia, quer dizer, a Rússia enquanto um dos países da União das Repúblicas Socialistas Soviéticas (URSS). Portanto, *Stroika* + RSFSR = Comitê de Construção da República Socialista Federativa Soviética da Rússia.

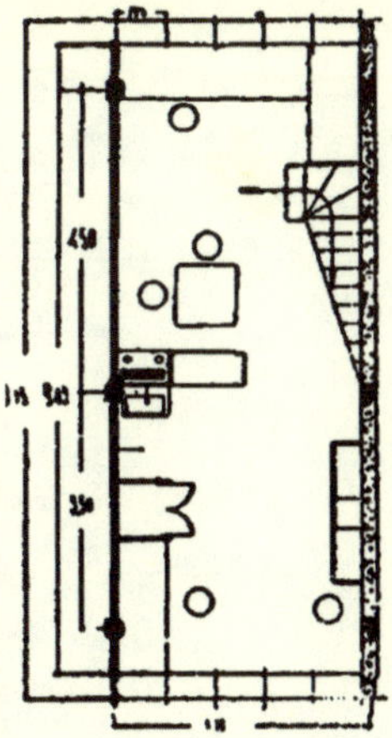

constituía uma inovação total da unidade de habitação: um assim chamado "habitat mínimo", de 27 metros quadrados, onde caberia viver um indivíduo sozinho ou no máximo um casal sem filhos — tipo de apartamento defendido pelos seus criadores como o dispositivo mais efetivo para condicionar o indivíduo ao novo modo de vida socialista.

> O movimento geral do isolamento, que é a realidade do urbanismo, deve também conter uma reintegração controlada dos trabalhadores, segundo as necessidades planificáveis da produção e do consumo. A integração no sistema deve recuperar os indivíduos isolados como indivíduos *isolados em conjunto*: as fábricas e os centros culturais, os clubes e os "condomínios residenciais" são organizados de propósito para fins desta *pseudocoletividade*, que acompanha também o indivíduo isolado na *célula familiar*.
> — Guy Debord, *A sociedade do espetáculo* (1967)

ДОМ СОТРУДНИКОВ НАРКОМФИНА

М. Гинзбург и И. Милинис

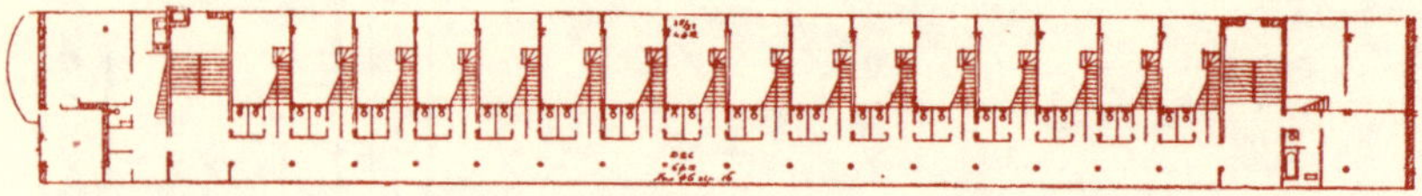

5

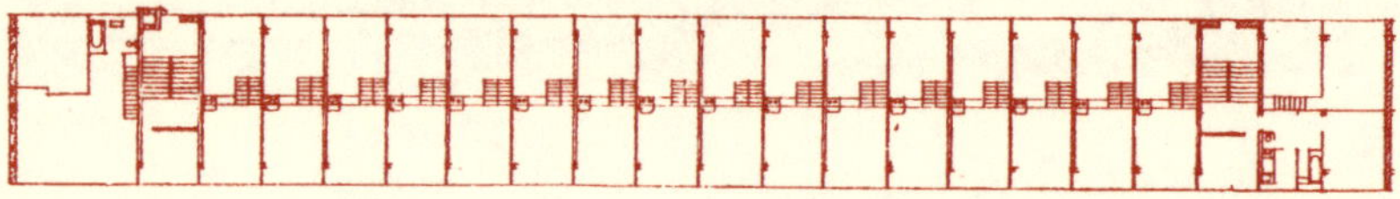

6

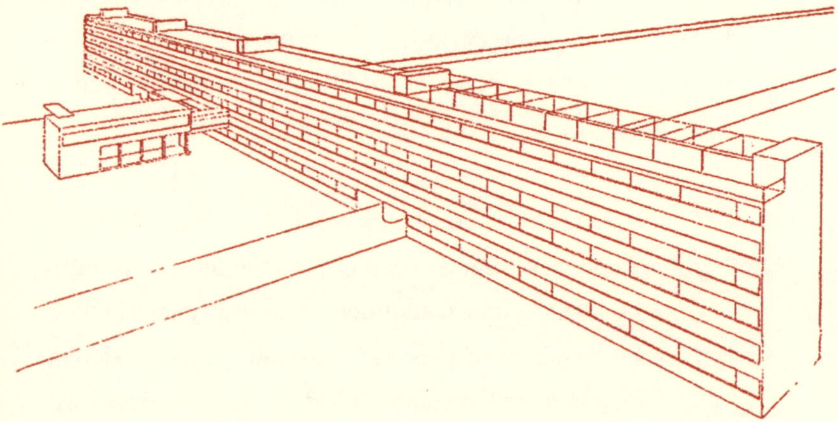

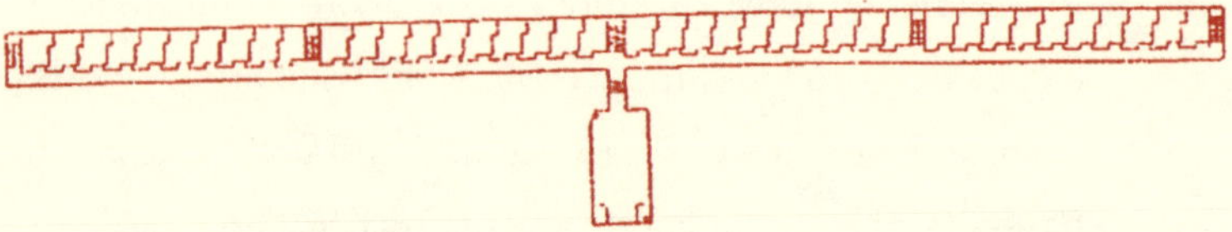

É notável que as pesquisas da OCA com a Stroikom tenham sido obliteradas da historiografia mais ordinária da arquitetura moderna. A intelectualidade ocidental envolvida com as ciências do planejamento em geral está comprometida com a ideologia idealista da socialdemocracia (mesmo as de caráter de esquerda). Assim, essas invenções arquitetônicas autênticas do construtivismo são quase sempre atribuídas, como se fossem originais, à Bauhaus ou ao Corbusier ou aos americanos — até porque deixar o mundo saber que o Narkomfin existia poderia ser perigoso para a valorização das obras destes outros, já que demonstra como o *status* chique conferido à Cité Radieuse não passa de um pastiche. O ponto é que, no início do século XX, acontecia uma verdadeira *Internacional Modernista*, e estes arquitetos todos intercambiavam intensivamente seus valores arquitetônicos. Nesta época, a Arquitetura Moderna era erguida onde quer que encontrasse terreno: fosse sob a égide do socialismo, da socialdemocracia ou mesmo do fascismo... Só dependia do interesse do cliente, de dinheiro disponível e dos critérios de cada escritório.

A Sofisticada Casa-Comuna do Alto Comissariado do Povo para as Finanças

Que a construção mais arrojada empreendida na Rússia àquela altura, momento ápice da realização da arquitetura de vanguarda, tenha sido dedicada aos funcionários do Alto Comissariado do Povo para as Finanças (Narkomfin)[27] — um dos órgãos oficiais mais importantes da URSS, que basicamente determinava a direção do desenvolvimento econômico do Estado — depõe muito sobre o *ethos* do país dos bolcheviques (inclusive sobre o fato de que os funcionários viviam nas células comuns e o Comissário, numa casa-mansarda na cobertura).

> "Qual era a relação de Moisei Ginzburg com a ideologia marxista?", perguntei ao seu neto Aleksei, também arquiteto.
> "O livro dele *Estilo e Época*", respondeu, "não era sobre algum futuro comunista brilhante. Era sobre o mundo moderno e os novos desafios, que precisavam ser respondidos. [...] Ele conseguiu formular e responder a uma pergunta: o que deveria ser um ser humano vivendo na era moderna?"
> "Então", perguntei, "toda a sua fraseologia marxista era apenas mímica, tentativas desesperadas de sobreviver?"
> "Seu palpite é tão bom quanto o meu", ele respondeu.[28]

A construção do edifício do Narkomfin foi encomendada à OCA em 1928. O projeto foi feito por Moisei Ginzburg, construtivista lendário, pois era membro fundador da OCA, redator-chefe da *CA*, diretor da Stroikom e professor do Vkhutemas; e Ignaty Milinis, que foi seu aluno no Vkhutemas. As obras começaram em 1929, mas, devido ao alto custo e às dificuldades de uma construção-piloto (um tijolo de concreto foi desenvolvido especialmente

27 Narkomfin é a sigla para Naródnyy komissariát finánsov ou Народного комиссариата финансов.
28 "Narkomfin narratives: dreams and realities", *op. cit.*

para construí-lo), não concluíram o complexo todo, que originalmente seria composto por três edifícios conectados: um de habitação, um comunal, outro de escritórios. Só o de habitação e o comunal foram terminados. O edifício habitacional tem cinco andares, e conta com onze tipos de apartamentos, sendo alguns deles únicos, mas majoritariamente compostos por variações de células de tipo F, e outras tantas de tipo K, moduladas com pés-direitos alternados e lajes deslocadas, conectadas por corredores laterais a cada três andares, como num jogo de encaixe. Contava ainda com refeitório, academia de ginástica, biblioteca, clube e creche.

Ao contrário do que se propaga, a Dom-Narkomfina não foi pensada por seus responsáveis como realização da Casa-Comuna, mas como um protótipo possível, "etapa de transição" da edificação em direção a uma. De qualquer maneira, o legado de seu design é inequívoco para a arquitetônica dos conjuntos habitacionais do último século — o modo como o Narkomfin de fato se realiza na história está na construção de todos os CRUSP[29] da vida.

> Aliás, este *approach* [de incluir diversos serviços no interior do edifício] antecipou a ideia dos empreendimentos imobiliários atuais que contam com toda uma infraestrutura interna, superpopulares hoje em dia. Às vezes as

29 Conjunto Residencial da Universidade de São Paulo, complexo de moradia estudantil que fica na Cidade Universitária, na zona oeste da capital paulista. Trata-se de uma entidade antropológica.

pessoas preferem um apartamento menor se este vier complementado com infraestruturas essenciais.

— Airat Bagautdinov, empresário turístico especializado em construtivismo[30]

Modernização e barbárie

O edifício finalmente ficou pronto e foi entregue em 1932. Isso quer dizer que o momento em que a obra mais avançada do construtivismo se concretiza é o mesmo da ascensão da reação estética stalinista. Naquele ano, a prática das artes e da arquitetura de vanguarda foi oficialmente proibida por uma resolução do Comitê Central do Partido Comunista, que as acusava de "desvio burguês" por serem "incompreensíveis pelas massas", estabelecendo com isso a política oficial do Realismo Socialista — que substitui a propaganda estatal das abstrações geométricas pelos rococós dourados comunistas e os relevos de flores e fuzis. É verdade que, desde 1924, instituições de vanguarda organizadas no Estado já vinham sendo fechadas — mas se reorganizavam, enquanto outras se formavam. Mas, desde que Stálin assumiu o comando da máquina estatal, a modernização

30 "Narkomfin Forever: house from the past that predicted the future" [Narkomfin para sempre: casa do passado que previa o futuro], em *Strelka Magazine*, jun. 2016. Disponível em <https://strelka.com/en/magazine/2016/06/28/narkomfin-na-vse-vremena>.

desenfreada já não tinha mais tempo para esperar por "projetos de transição", e em 1930 o governo não só qualificou as experiências de vanguarda russas como "trotskistas", como também de "energia desperdiçada",

> tentativas extremistas, não fundamentadas e semi-fanáticas [...] de certos militantes que escondem sua natureza oportunista sob a frase "de esquerda".[31] [...] A concretização destas concepções nocivas e utopistas, que não levam em conta nem os recursos materiais do país e nem o grau de preparação da população, conduzem o Estado a despesas extraordinárias e ao profundo descrédito da própria ideia de uma transformação socialista do modo de vida.
> — Comitê Central do Partido Comunista, *Comunicado oficial*, 16 de maio de 1930

Por este texto nota-se não só o desinteresse stalinista em dar continuidade ao planos urbanísticos construtivistas, como o tom do ódio direcionado à vanguarda. Com o avanço do terror de Estado, a utopia socialista científica dos condensadores comunais, se houve alguma possibilidade de ser concretizada, foi definitivamente arruinada, simbólica e fisicamente. Logo depois da inauguração do Narkomfin, camaradas ligados a Ginzburg (o arquiteto) e Miliutin (o Comissário) começaram a ser expurgados do Partido e, mais tarde, executados como "inimigos do povo". No período entre 1937 e 1940, foram registradas

31 Referência aqui à vanguarda organizada ao entorno da Frente de Esquerda da Arte (LEF).

dezenove execuções de residentes do edifício (sendo dezessete membros do Partido, três comissários do povo, dois deputados do comissariado do povo, nove pessoas com os títulos de "chefe", "diretor", "presidente" ou "gestor"), sem falar naqueles que não foram executados, mas detidos e enviados aos campos de trabalho forçado.[32]

As paredes falam — sobre a realização e a queda do construtivismo russo

A Dom-Narkomfina virou, assim, quase que o caso isolado de uma arquitetura irreverente, projetada para certa elite soviética (não só altos funcionários de finanças viveram aí, como também empresários enriquecidos pela NEP, além de artistas, arquitetos e escritores importantes) que, contudo, lá não permaneceu por muito tempo. Sua "vida útil original", digamos assim — e há vários relatos sobre como era um ambiente "horizontal", não só literalmente —, não durou mais do que dez anos. Desde então, a propriedade e a posse destes apartamentos viraram uma confusão, o que refletiu na administração e na manutenção do edifício, que foi ficando cada vez mais debilitado.

32 Registros da Sociedade pela Memória, arquivo histórico e organização civil pelo direito à memória sobre os crimes do totalitarismo soviético. A lista completa de moradores do Narkomfin assassinados pelo regime, apartamento por apartamento, está disponível em <http://mos.memo.ru/shot-39.htm#s6>.

Mas, mesmo caindo aos pedaços, o prédio sempre permaneceu habitado, embora meio vazio e distante do sentido para o qual foi planejado. Famílias apartadas, apertadas em suas células de morar, improvisando infraestruturas. Durante a Grande Guerra Patriótica,[33] todo o térreo do prédio, originalmente aberto (elevado por pilotis), foi fechado para dar lugar a mais apartamentos — estragando uma de suas características mais modern*istas*. Nos anos 1960, o edifício habitacional foi transferido para o Departamento Municipal de Habitação de Moscou, e o anexo comunal continuou nas mãos do Conselho de Ministros da União Soviética.[34] Em 1965 até houve uma tentativa de restaurá-lo, mas o ministro das Finanças considerou um gasto desnecessário e boicotou a reforma, que ficou inacabada. No final dos anos 1980, o prédio foi considerado inseguro pelas autoridades, e o departamento municipal de habitação passou a oferecer aos residentes apartamentos semelhantes em outras partes da cidade. Alguns moradores permaneceram, tentando negociar propostas melhores, mas tudo foi por água abaixo com o colapso da União Soviética.

33 É assim que os russos se referem à Segunda Guerra Mundial.
34 Soviet ministrov SSSR (Совет министров СССР), o mais alto corpo executivo e administrativo da União Soviética entre o pós-guerra e o colapso, era o Conselho do Comissariado do Povo, formado em 1917, mas reformado em 1946.

Perestroika, mas não a *Byta*

A política da Perestroika implementada a partir de 1986 por Gorbachev marca o colapso da economia planificada estatal soviética, também dita "socialista", de modo que a própria palavra *Perestroika* virou sinônimo para a abertura capitalista da Rússia. Como parte estrutural deste processo, em 1992 ocorre uma enorme reforma na política do espaço, em que grande parte da propriedade estatal passa ao *status* de propriedade privada, o que tem grande impacto, claro, no campo da habitação. A política de privatização gratuita da moradia em benefício de seus ocupantes foi imposta aos reformistas ieltsinanos na ausência de um mercado imobiliário e diante de uma população que havia mergulhado na pobreza após a liberação selvagem dos preços em janeiro de 1991, reduzindo toda sua poupança a nada. Neste ano, muitas famílias se tornaram proprietárias das casas em que viviam, enquanto outras tantas começaram a pagar aluguel para o Estado, que permaneceu proprietário fundiário e passou a promover políticas públicas de habitação que permitiam às maiorias preservar um teto, mesmo com salários superbaixos. O Narkomfin sofreu uma transformação tal qual: parte dos apartamentos foi privatizada (60%), parte permaneceu nas mãos do município de Moscou (40%).

Arruinado já há muito tempo, mesmo depois da Perestroika, o Narkomfin continuou negligenciado pelo Estado. Proprietários que ganharam o título abandonaram os apartamentos, alguns poucos permaneceram, outros passaram a alugá-los por preços ridículos, dignos das condições do lugar. E, uma vez aberta a selvageria de pagar para morar, o prédio, que estava meio abandonado, também foi meio ocupado. E quem ocupava se ocupava dos reparos necessários na infraestrutura, enquanto encarregados municipais sabotavam fios e canos para evitar a "invasão". A ocupação do Narkomfin nos anos 2000 abriu espaço a uma cena autêntica de arte.

A Arte Imobiliária da Especulação Contemporânea

Uma vez aberto o mercado de terras urbanas, começa a guerra empreiteireira — que aparece, aos olhos normais, como "renovação urbana" — arbitrada em Moscou pelo oligarca maior da cidade: seu prefeito, Yuri Luzkhov

(1992–2010).[35] Um livro cujo título é *Cogumelos e outros mutantes*[36] (Dasha Pamanov, 2012) foi dedicado à análise arquitetônica dos empreendimentos imobiliários que nesta época pululavam a cada esquina. Luzkhov não perdia oportunidade de declarar publicamente seu desgosto pela arquitetura construtivista. A esta altura, sobre o destino do Narkomfin, não se previa outra coisa senão o extermínio daquele objeto estranho estacionado num dos terrenos mais valorizados da cidade.

Em 1997, o filho de Moisei Ginzburg, Vladimir, que

35 "WikiLeaks cables: Moscow mayor presided over 'pyramid of corruption'" [WikiLeaks: Prefeito de Moscou preside o topo da pirâmide de corrupção], em *The Guardian*, 1º dez. 2010. Disponível em <https://www.theguardian.com/world/2010/dec/01/wikileaks-cables-moscow-mayor-corruption>.

36 "The architectural legacy of 1990's Moscow" [Legado arquitetônico da Moscou dos anos 1990], em *In Russia*. Disponível em <http://inrussia.com/the-architectural-legacy-of-1990s-moscow>.

tinha junto a uma empresa norte-americana o plano de renovar o prédio para fundar um *apart-hotel* (essa tendência imobiliária dos 1990), foi sequestrado e morto pela máfia imobiliária. Seu filho, Aleksei, toma então a frente dos projetos de empreendimentos que poderiam preservar o edifício não só de pé, como resgatar algo da forma-função original de moradia, passando a procurar por "investidores civilizados" — como escreveu em um artigo de 2006. O ano de 2006, aliás, foi um marco importante para o desenvolvimento imobiliário na Rússia, quando entrou em vigor o novo Código de Habitação, cujo sentido geral era a privatização, pelas forças dos fluxos financeiros, do parque imobiliário pertencente às municipalidades.

> O poder atual considera que tal política [social de habitação, assegurada pelo Estado até então] custa caro, e que não é "eficaz" o suficiente. Trata-se, portanto, de dar o setor de habitação para as forças brutais do mercado, que é um mercado *à la* Rússia, em que os melhores pedaços a serem privatizados vão para os funcionários do Estado e, geralmente, às prefeituras e aos gordos monopólios paraestatais do gás e de eletricidade.
> — Carine Clément, "Rússia Pós-Soviética: Lutas Urbanas e Direito à Moradia" (2006)[37]

37 "Russie post-soviétique : Luttes urbaines et Droit au logement", em Laboratoire Urbanisme Insurrectionnel [Laboratório Urbanismo Insurrecional]. Disponível em <http://laboratoireurbanismeinsurrectionnel.blogspot.com.ar/2011/09/russie-la-montee-du-mouvement-pour-le.html>.

A partir deste ano, um oligarca notório de Moscou, Alexander Senatorov, dono e CEO do *grupo de investimento* Kopernik — um importantíssimo especulador imobiliário —, comprou a maior parte dos 56 apartamentos do Narkomfin, sendo que destes apenas doze estavam ocupados. O objetivo, declarado às revistas de fofocas semanais, era dá-lo de presente a sua nova namorada, "como uma joia". A ideia era fazer aí um "hotel-boutique" [sic], e para isso contratou o escritório responsável pelos maiores atentados contra a arquitetura histórica de Moscou. Sem conseguir contatar alguns proprietários dos outros apartamentos e nem comprar a parte municipal (que resistia, dada à possibilidade de recuperação do edifício, já que queria sua demolição), não só Senatorov não pôde começar a obra, como também os residentes resistentes ao seu projeto não puderam formar uma gestão própria para o prédio.

Nos anos 2010, o custo dos aluguéis já estava muito, *muito*, muito mais caro do que o valor pago por estes jovens artistas sem grana que se mudaram para lá nos anos 1990 ou 2000 (quarenta mil rublos por mês em 2015, que era, na época, equivalente a 1.275 dólares). Foi aí que, estrategicamente, para manter o controle sobre a ocupação do edifício enquanto não começava a investir nele, o grupo Kopernik aliou-se ao *setor* da Arte Contemporânea, e a "residência artística" passou a ser subsidiada pelo mercado de capitais. "Você tem apartamentos vazios, eu tenho artistas talentosos sem lugar para trabalhar", disse a Senatorov Nikolai Palazcenko, *art-dealer*, que começou a arranjar o aluguel para "profissionais criativos". Assim, nos últimos anos, os apartamentos foram virando estabelecimentos *hipsters* (sobre este fenômeno, voltar ao tópico sobre a Fábrica Nº 9) como um *shisha lounge*, um *studio* de yoga, outro de tatuagem, ateliê de uma marca bacana de moda, além de outra sede da *start-up de turismo* construtivista. "Era um jeito de criar uma reputação, gentrificar", admitiu Alexander Evangeli, cínico, crítico de arte, professor do Instituto Rodchenko e morador do apartamento 39 do Narkomfin.[38] Vê-se que, vendendo a imagem de uma vida "libertária" e não necessariamente "comunitária", o neovelho individualismo liberal e o novo modelo de "empreendendorismo criativo" (inventivo de lastro de capital fictício) se deram bem sobre as ruínas do socialismo: se encaixaram com as células de morar dos tipos F e K.

Narkomfin Dom-Kondominium

No ano épico do *crash* financeiro, 2008, o projeto imobiliário de Senatorov para um hotel-boutique é abalado. Se, antes, era muito mais rentável ser o proprietário do edifício, estruturá-lo como um negócio único e explorá-lo por arrendamento, depois da crise essa ideia já não era mais *atraente*: "O rendimento é determinado pelo mercado de arrendamento, no valor de 3% a 4%", diz ele, "não dá para pedir dinheiro emprestado na Rússia a essa taxa, o

38 "Narkomfin: can a utopian housing project survive in modern Moscow?" [Narkomfin: Pode um projeto de moradia utópico sobreviver à Moscou moderna?], em *The Carlvet Journal*, 16 abr. 2014. Disponível em <https://www.calvertjournal.com/opinion/show/2294/narkomfin-moscow-constructivism-renovation>.

que torna a operação não lucrativa. Mas vender condomínios dá um retorno radicalmente diferente".

Para conceber o novo projeto, a empreiteira Kopernik funda a Narkomfin Foundation, com uma *equipe de experts* em arquitetura construtivista: gente jovem, *cool*, envolvida com "arquitetura, design e publicidade", junto aos membros da "sociedade para preservação da arquitetura de Moscou" (MAPS). Decidem então contratar o tal neto de Moisei, Alexei Ginzburg, para comandar todo o projeto da restauração e conceber o novo modelo do negócio. Mas em 2009 a Kopernik não escapa aos efeitos financeiros de 2008 e as propriedades da empreiteira passam à custódia de um banco chamado Alfa Bank devido a uma dívida de 180 milhões de dólares. Assim, o Empreendimento-Narkomfin continua travado até que, em dezembro de 2015, é resgatado pela empresa Liga Prav, que comprou toda a parte do prédio até então pertencente à Kopernik.

Pesquisando sobre essa tal Liga Prav vê-se que se apresenta como uma empresa "focada unicamente no Narkomfin", que "consiste numa pequena equipe de pessoas e parceiros com ideias em comum que enfrentam três tarefas: gestão, restauração e desenvolvimento", como diz o dono de 100% do capital da Liga Prav, Garegin Barsumian, enquanto posa para uma foto de empresário bacana no interior de uma célula de condensação social.[39] Barsumian que, por sua vez, até 2014, era, adivinhem, diretor do

39 "Как будут восстанавливать дом Наркомфина" [Como irão reformar o Narkomfin], em *Strelka Magazine*, 2016. Disponível em <https://strelka.com/ru/magazine/2016/09/26/the-reconstruction-of-narkomfin>.

departamento legal da Kopernik e dono de 1% desta.[40] Em 19 de agosto de 2016, o município de Moscou, proprietário dos níveis subterrâneo, térreo e de poucos apartamentos em outros andares, leva sua parte do prédio a leilão (1.614,5 metros quadrados de um total de 3.997,8 metros quadrados), vendida por 101,4 milhões de rublos à vencedora: Liga Prav. Em 22 de agosto de 2017, a Liga Prav recebe um crédito de 855 milhões de rublos do Sberbank, estatal (espécie de Caixa Econômica Federal), o maior banco da Rússia.

> "É um projeto de empreendimento imobiliário, mas, ao mesmo tempo, de restauração", diz Garegin Barsumian, CEO da Liga Prav. "Estamos provavelmente entre os primeiros a formular e realizar este modelo de projeto comercial em um objeto de herança cultural." Eles esperam que o *design moderno duradouro* e a rica história do edifício atraiam compradores com "bolsos profundos" [sic].[41] "Não estamos oferecendo metros quadrados no centro de Moscou, mas um produto único, que deveria vender como arte contemporânea", diz Ginzburg. "Estes apartamentos deveriam interessar a colecionadores como uma pintura do Rothko."[42]

40 "The Narkomfin building left the former partner of investment group 'Kopernik'" [Edifício Narkomfin deixa grupo de investimento "Kopernik"], em *Seven Day News*, 3 ago. 2016. Disponível em <https://sevendaynews.com/2016/08/03/the-narkomfin-building-left-the-former-partner-of-investment-group-kopernik/>.

41 No original, em inglês, *deep-pocket buyers*.

42 "Reconstructivism", em *The Economist's 1843 Magazine*, *op. cit.*

TATLIN TOWERS

[Sem endereço]

Uma nuvem de mistério e deslumbre envolve, desde sempre, os projetos espaciais nunca construídos. Parece que as projeções de viver no futuro feitas no passado (distante ou recente) produzem em nós um fascínio que pendula entre o projeto e o destino; algo de muito sedutor acontece quando viajamos neste campo aberto — entre as abstrações dos devires possíveis e as contingências concretas de como as coisas se sucedem.

O futuro do espaço ontem

> Nós construiremos nosso próprio mundo,
> um novo mundo
> — *A Internacional* (1871)

No século XIX, nas centelhas dos atritos da formação do socialismo, Marx e Engels se debruçaram sobre as contradições da utopia socialista para formular as teses de um destino comum científico. Enquanto os socialistas considerados utópicos concebiam, com contornos nítidos, modelos espaciais para o funcionamento de uma sociedade perfeitamente suposta, os socialistas científicos criticavam essas ideias-ideais que, se pensadas pela perspectiva materialista da história, pairavam no ar, autonomizadas da própria produção da realidade.

ИНЖЕНЕРЫ-
Делайте

A "utopia socialista científica" do *Monumento à Terceira Internacional* é a ideologia "marxista ortodoxa" da revolução socialista, que identifica toda sua verdade com o processo objetivo da economia e com o progresso de um reconhecimento dessa necessidade por parte da classe operária organizada pela organização. Essa ideologia recobra a confiança na demonstração pedagógica que caracteriza o socialismo utópico, mas acrescida de uma referência contemplativa [espetacular] ao curso da história.
— Guy Debord, *A sociedade do espetáculo* (1967)

O *Monumento à Terceira Internacional* — também conhecido como Torre de Tátlin — tem a patente de ser o ícone construtivista mais adorado, porém nunca edificado. Foi projetado em 1919 como parte do então lançado plano de propaganda monumental do Estado, não como um monumento figurativo, mas monumento-edifício, que deveria servir de sede soviética à Terceira Internacional. Era quase que a redução monumental da obra tatliniana, que marca a passagem, importantíssima na história da arte, da pintura à arquitetura (junto a Lissitzki, veja a sequência da série de Prouns). Em 1920, foi apresentado

ao público o modelo de uma imensa estrutura dinâmica em aço em forma de espiral ascendente (imagem do movimento dialético de Hegel), que se moveria cineticamente e desenharia, no horizonte da cidade (ainda não se sabia se em Moscou ou Petrogrado), "a linha do movimento de libertação da humanidade". A ironia de que, em teoria, esta obra, que seria "expressão máxima da forma dos materiais", não pôde ser materializada, porque era incompatível com as condições econômicas e as possibilidades tecnológicas disponíveis na época, condenou historicamente a Torre de Tátlin a certa *utopia tecnológica*, dessas que preenchem os romances de ficção científica. Uma Babel modernista.

Passagens

Antes de apresentar o *futuro do espaço* projetado no presente, vamos contar como é que foi que chegamos lá onde este lugar (ainda) inexistente foi encontrado.

Para quem vem das estações de metrô Okhtony Ryad ou Teatral'naya, a Praça Vermelha se apresenta em quatros signos cardeais, na seguinte disposição: ao "alto", ou "em frente", ou "ao norte" (depende de como se quer referir) está a Catedral de São Basílio, representando o Sagrado na acepção comum religiosa, por meio de uma arquitetura que é pura fantasia; "abaixo", ou "ao sul", ou desde onde se vem vindo, está o Museu Histórico, representando a construção histórica dos símbolos nacionais; à direita, ou ao leste, está o Mausoléu de Lênin, onde está exposta sua múmia desde 1930, logo diante dos muros do Kremlin, representando aí toda a tradição embalsamada leninista e o Poder do Estado; e, finalmente, à esquerda, ou na parte oeste da praça, encontra-se o GUM: grande galeria de lojas do fim do século XIX,[43] e hoje um *shopping center* de luxo — aí representando o palácio do Mercado e o rito do consumo.[44]

Em Outubro de 2017, estava em exibição no grande corredor do GUM a exposição "Moda para o Povo! Do Construtivismo ao Design", bancada por uma loja/marca *pop-up-trend-setter* que oportunamente aproveitava o marketing da homenagem ao Centenário, com réplicas das roupas desenhadas pela vanguarda, enchendo o *shopping* de *banners* com *design* construtivista. Decerto, dentre as investigações tecnológicas mais revolucionárias inventadas pelo construtivismo russo, estavam as da escola indumentária, comandada por mulheres maravilhosas como Varvara Stepanova, Liubov Popova, Nadezhda Lamanova, Aleksandra Ekster. Quase um século depois, seus modelos mais avançados estavam aí, mas longe dos corpos operários: continuavam lindos, vestindo manequins diante das vitrines da Dior e da Gucci.

43 Encomendada pela czarina Catarina II para replicar em Moscou o charme das grandes capitais europeias, estatizada em 1917 como Lojas de Departamento Estatais, e convertida em 1928 em escritório stalinista dos grandes planos quinquenais. Em 1953, época de ouro do mercado de consumo soviético, o GUM voltou a funcionar como loja departamental estatal.

44 Seguindo os pontos cardeais da Terra, estes pontos descritos estão invertidos.

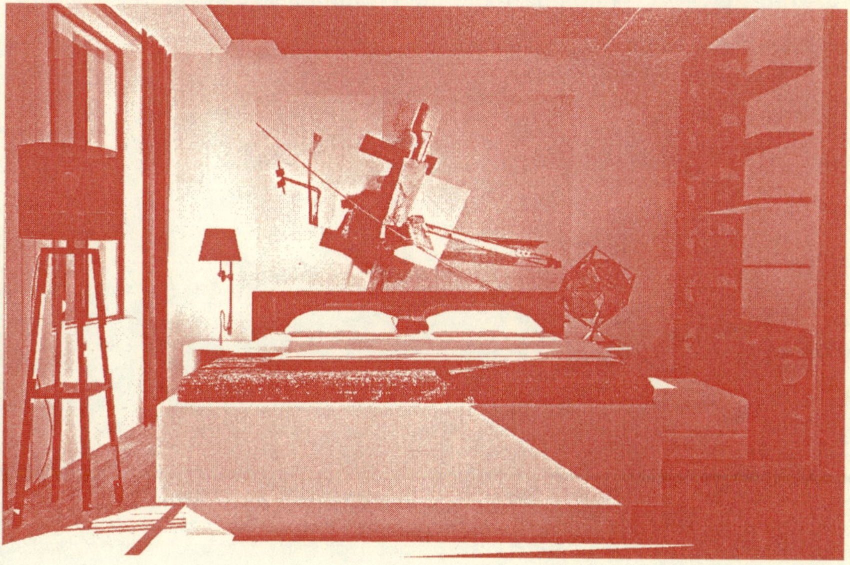

O futuro do espaço hoje

Num stand da exposição do GUM foi encontrada a publicidade de um empreendimento imobiliário a ser lançado com inspiração no construtivismo russo; projetos em *render* de um apartamento decorado que, obviamente, tem muito menos a ver com o modo de habitar da arquitetura do que com os ativos do mercado de futuros. Depois de muita busca, nada foi encontrado sobre tal empreendimento na internet, por isso não poderemos apresentar aqui nenhum lastro real de sua relação entre terra, trabalho e capital. Fiquemos, então, apenas com sua especulação imagética. E já que isso tem a ver com exercícios de imaginação — não poéticos, mas infames —, o chamaremos então de Tatlin Towers.

ESTÁDIO DÍNAMO

Perspectiva Leningradski #36

Estádio Dínamo, construído em 1928. Arquitetos: Leonid Tcherikover e Aleksandr Langman. Joia do espírito esportivo socialista, autêntica obra construtivista erguida na inauguração da era dos planos quinquenais. O próprio nome Dínamo celebra o fascínio soviético pela máquina e pela produção de energia.

Dínamo também é o nome de um clube desportivo e de seu time de futebol (bem famoso), fundado em 1923 por Iron Felix — diz-se que para entreter a polícia secreta e assim garantir que esta não enchesse a cara de vodka quando estava fora do serviço. Por essa história, ou lenda, os torcedores rivais até hoje chamam os torcedores e jogadores do time de "tiras" (менты). Até a construção do Estádio Central Lênin, em 1956, o Dínamo era o grande centro esportivo de Moscou, como atestam as fotografias de Rodchenko.

Pois em 1987, em sessão "Sobre a Adoção de Monumentos Arquitetônicos do Estado da Arte dos Tempos Soviéticos", o Comitê Executivo da Câmara Municipal de Moscou eleva o Estádio Dínamo ao *status* de monumento arquitetônico tombado. Porém é só em 2003, bem após o colapso da URSS, que são definidos seus aspectos construtivos sob proteção do Estado. São eles: sua centralidade em relação ao arranjo territorial de toda aquela área da Perspectiva Leningrado; o propósito funcional de toda a estrutura tridimensional do estádio; o valor artístico da decoração e arquitetônico das fachadas;

o pódio e a tribuna (um detalhe notável, antes disso: nunca teve um banheiro feminino). Então, por alguma razão técnica cuja justificativa não encontramos em nenhuma pesquisa, quatro anos depois, em 2007, todos os elementos interiores do estádio são excluídos da lista de aspectos arquitetônicos a serem protegidos por lei. Eis que, no ano seguinte, 2008, junto à celebração de seu 80º aniversário, o time do Dínamo realiza sua partida de despedida do estádio, que estava para ser fechado, sob ameaça de ser demolido, "por conta das dívidas contraídas pelo clube durante a crise".

Sigamos o caso, agora avaliando os truques de "investimentos visionários" aplicados pelo capitalismo de cassino. Logo após a partida de despedida, o estádio Dínamo é comprado pelo banco ВТБ,[45] que aparece como uma "benfeitoria pública" publicitária. Menos de um ano depois, em 2009, a Rússia apresenta sua candidatura para país-sede da Copa de 2018, e sugere o Dínamo como estádio a receber a cerimônia de abertura. Para responder às exigências da FIFA, prevê-se então uma reforma para ampliação de sua capacidade, de 36 mil a 45 mil espectadores. Com a Copa confirmada, é aberto em 2010 um concurso para o projeto arquitetônico do novo Dínamo. Um júri convocado pelo prefeito de Moscou escolhe o vencedor. E, nesse passe de mágica, ou ilusionismo,

45 Ou VTB, sigla para VneshTorgBank. Traduzido para o português como Banco de Comércio Exterior. Foi fundado pela Perestroika em 1990 para servir de agência da abertura do capital estatal russo para mundo. Desde então, o Grupo VTB não para de ampliar seu alcance, adquirindo bancos subsidiários em toda Ásia e Europa. Em 2011, 10% do banco foi privatizado.

ДИНАМО

ДИНАМО

ДИНАМО

o passado é transformado em futuro, e o velho estádio Dínamo vira BTБ Arena Park Sports Complex,[46] um complexo que inclui ainda um *shopping center*, um centro de entretenimento (?), um edifício de escritórios, outro de apartamentos, um hotel de luxo e um estacionamento para 1,6 mil carros.[47] O total investido estimado é de 1,5 bilhão de dólares.

Dinâmica da demolição

Quando em 2011 começam as obras de "renovação", a estrutura original do estádio é quase toda demolida, restando apenas pequena parte da carcaça — preservada para o *décor* da fachada. O problema é que, por respeito à lei de preservação, o projeto vencedor havia sido supostamente escolhido justamente porque preservava as paredes externas do edifício (coroando-a, claro, com uma imensa estrutura pós-moderna de acrílico e aço escovado em forma de louça de latrina). Enquanto a empreiteira contratada avançava com os trabalhos de demolição, ativistas faziam uma manifestação de protesto-solitário[48] para

46 O banco também abriu concorrência para a compra do nome, sem resultados confirmados por enquanto.
47 "Erick van Egeraats winning design for VTB Arena Park (Dynamo Moscow Stadium)" [Design vencedor de Erick van Egeraats para VTB Arena Park (Estádio Dínamo de Moscou)], em YouTube, 29 jun. 2010. Disponível em <https://www.youtube.com/watch?v=Cl0_dXGwvv4>.
48 Em que uma única pessoa carrega um cartaz, e depois é substituída por outra, num encadeamento que pode ser muito

denunciar a ilegalidade da obra enquanto crime contra o patrimônio.[49] Neste exato momento, os arquitetos, consultados por telefone por uma rádio, contentaram-se em se dizer "chocados", seguidos de silêncio. Dias depois, um comunicado oficial do empreendimento explica que quase nada foi preservado, já que "não havia nada para proteger porque tudo era da década de 1980" (o estádio havia sido reformado antes dos Jogos Olímpicos de Moscou, em 1980), e assim se escancara ainda mais a falácia, pois a reforma de 1980 não havia mexido em nada da estrutura externa. Quando, após polêmicas inflamadas pela imprensa, o prefeito da cidade, o presidente do banco e o diretor do empreendimento visitam juntos a obra, um deles declara: "A preservação da aparência histórica da construção é um dos princípios da nossa reforma"; o outro: "Terá o mesmo visual, vai parecer o mesmo de 1928, mas reconstruído com materiais novos"; e o último: "Queremos entregar ao público um estádio vivo". Disseram ao *The Moscow Times*, enquanto caminhavam sobre os escombros.[50]

longo — estratégia de protesto comum na Rússia, onde manifestações políticas não autorizadas são criminalizadas.

49 "В Москве ломают знаменитый стадион 'Динамо'" [Em Moscou, destroem o famoso Estádio Dínamo], em *Archnadzor*, 10 fev. 2012. Disponível em <http://www.archnadzor.ru/2012/02/10/9305/>.

50 "Start of Stadium Demolition Draws Outcry" [Início da demolição do Dínamo gera protestos], em *The Moscow Times*, 14 fev. 2012. Disponível em <https://themoscowtimes.com/articles/start-of-stadium-demolition-draws-outcry-12589#no>.

Eis que, em 2012, dando sequência ao jogo de azar da lógica da concorrência, sai o resultado: o já falecido e enterrado Estádio Dínamo termina fora da lista dos estádios oficiais da Copa do Mundo — sua participação é derrotada pela proposta da construção *ex-nihilo* de outro estádio, o Espártacus. Mas, mesmo não tendo vencido a rodada, o antigo Dínamo honra até o fim o espírito liberal desportivo, e segue desempenhando seu papel de parque de fixação de capital fictício. Prometido para 2017, foi visto em janeiro de 2018 em estado bastante retardatário das obras.

EPÍLOGO

O que veio a ser e o que há de vir

A mutilação dos vínculos sociais, que resulta do modo de produção baseado no valor, necessita se repetir e se repor continuamente; isso se expõe diante da destruição. Assim, uma vez dissolvido o verniz do "socialismo", ou do "bem-estar social", evidencia-se a violência como experiência nuclear das relações sociais capitalistas.

Aparece, na superfície, o mundo em ruínas, que é tanto produto do trabalho social de sujeitos econômicos, como mundo recriado à imagem e semelhança das necessidades do capital. Nele, diante da progressiva dessubstancialização do valor, a guerra como política de administração social e controle territorial dá continuidade à brutal competição econômica e intensifica a luta pela sobrevivência no mercado.

A crescente tensão entre o modo de produção baseado no valor e o resultado de seu desenvolvimento histórico nos permite afirmar a necessidade de abolir não só o valor como medida de riqueza social, mas também o trabalho, do qual ele depende.

A negação do capitalismo como forma de reprodução social só pode ser levada a cabo por aqueles que têm sido negados por ele. Se esta ruptura ocorre, será resultado de uma autoemancipação assumida e praticada já no seio da barbárie. O agora é o que orienta, situa, pressiona.

— 2&3DORM

AGRADECIMENTOS

Este guia não foi feito sozinho.
Colaboraram:

Os livros:

Anatole Kopp, *Changer la vie, changer la ville* (1975)
El Lissitski, *La reconstrucción de la arquitectura en la URSS* (1929)
Manfredo Tafuri, *Projecto e utopia* (1985)
Robert Kurz, *O colapso da modernização* (1991)
Guy Debord, *A sociedade do espetáculo* (1967)
Internacional Letrista, *Potlatch* (1954-1957)
Internacional Situacionista, *Revistas* (1958-1969)
Henri Lefebvre, *A produção do espaço* (1985)
Walter Benjamin, *Diário de Moscou* (1926-1927)
Walter Benjamin, *Rua de mão única* (1930)
E a obra de Karl Marx.

Os amigos:

Ana Sol Auderete
Glauco Gonçalves
Natalia Melikova
Nikolai Vassiliev
Paulinho Fluxus
Rodrigo B.
Rodrigo Ianhez
Yamila Palatnik

E os grupos de estudo sobre alienação espacial e colapso da modernização.

ÍNDEX

Pgs. 6-7 — *Marx sobre verdade.* Foto: Rachel Pach, 19 out. 2017.
Pgs. 13-14 — Revista Comando. Serigrafia, 2018.
Pg. 17 — Cartaz oficial da Copa do Mundo 2018.
Pg. 21 — Aleksandr Rodchenko. *Futebol Político.* Fotomontagem, 1930.
Pg. 23 — Aleksandr Rodchenko. *Krisis.* Fotomontagem, 1923.
Pgs. 25-26 — Revista Comando. Serigrafia, 2018.
Pg. 30 — Ivan Leonidov. Proposta para a Biblioteca do Instituto Lenin de Moscou. Maquete, 1927.
Pg. 35 — M. Gurevicha & A. Igumnova. Ilustração do livro infantil *A Metalúrgica de Kuznetz: Gigante Socialista.* Moscou: OGIZ, 1932.
Pg. 39 — N.D. Beliakov & P.D.Kardashev. Ilustração do livro infantil *O Pequeno Politécnico: Habitação.* Moscou: OGIZ, 1931.
Pg. 43 — Mostra de trabalhos dos estudantes de arquitetura do Vkhutemas, sob coordenação de Nikolai Ladovski. *Expressão e Revelação de Massa e Peso.* Moscou, 1927-1928.
Pg. 46-47 — Ilustração de Moscou futurista. *Enciclop*édia Infantil. Akademiia Pedagoguitcheskika Nauk RSFSR. Moscou, 1960.
Pgs. 49-50 — Revista Comando. Serigrafia, 2018.
Pg. 52 — G. Marsakov. Planta para fábricas de pão automáticas — Fábrica N° 7, 1° andar.
Pg. 55 — Fábrica de pão N° 5. Foto: Natália Melikova, 2012.
Pg. 57 — Material publicitário do empreendimento imobiliário Presnya City, 2017.
Pg. 58-59 — Canteiro de obras do empreendimento imobiliário Presnya City. Fotos: Rachel Pach, 19 out. 2017.
Pg. 62 — Fábrica de pão N° 9.
Pg. 64 — Edifício Pravda — redação, fachada externa. Foto: Rachel Pach, 19 out. 2017.
Pg. 65 — Edifício Pravda — redação, fachada interna. Foto: Rachel Pach, 19 out. 2017.
Pg. 68 — Edifício Pravda — visão sobre a demolição gráfica. Foto: Rachel Pach, 19 out. 2017.
Pg. 69 — Acima: Edifício Pravda — visão sobre a demolição gráfica. Foto: Rachel Pach, 19 out. 2017. Abaixo: Render do projeto do empreendimento imobiliário City Pravda, 2017.
Pg. 70 — Konstatin Melnikov, Clube da Fábrica de Borracha. Foto: pastvu.com, 1930.
Pg. 71 — Acima: Projeção do complexo do conjunto habitacional e o clube da fábrica. Abaixo: os edifícios do conjunto habitacional. Foto: Arquivo (strelkamag.com), sem data.
Pg. 74 — Empreendimento imobiliário a ser lançado. Foto: Rachel Pach, 19 out. 2017.
Pg. 75 — Acima: edifícios do conjunto habitacional em 2016.

Foto: Alexandra Selivanova, 2016 (strelkamag.com). Abaixo: fotografia do mesmo lugar, do mesmo ângulo, um ano depois. Foto: Rachel Pach, 19 out. 2017.

Pg. 77 — Narkomfin. Foto: Rachel Pach, 15 out. 2017.

Pg. 83 — Esquerda: célula habitacional do tipo F em dois andares, maquete. Direita: célula habitacional do tipo F, planta apartamento nível 1.

Pg. 84 — Projeto *Dom Narkomfina*. Revista CA, N° 1, 1929.

Pg. 89 — Apartamento tipo F, piso inferior. Cena do filme *Dom Novogo Byta*, 2013.

Pg. 94-95 — Escada e corredor. Foto: Rachel Pach, 15 out. 2017.

Pg. 99 — Acima: apartamento N° 10. Foto: Nikolai Vassiliev, 2014. Abaixo: render do projeto para apartamento N° 10, disponível no catálogo de vendas do empreendimento imobiliário Narkomfin (narkomfin.ru), 2018.

Pg. 103 — Vladimir Tatlin. *Monumento à III Internacional*, primeira exposição da maquete, 1920.

Pg. 104 — Vladimir Tatlin. *Contra-relevo*, 1914-195.

Pg. 107 — Renders do projeto de empreendimento imobiliário Tatlin. Foto: Rachel Pach, 14 out. 2017.

Pg. 111 — Acima: Estádio Dínamo, sem data. Meio: Estádio Dínamo, jan. 2018. Abaixo: Estádio Dínamo, 2017. Fotos: Natália Melikova.

Pgs. 116-117 — *Marx sobre a produção do espaço*. Foto: Rachel Pach, 19 out. 2018.

Pg. 128-129 — Revista Comando. Serigrafia, 2018.

Pg. 130 — Revista Comando. Serigrafia, 2018.

A AUTORA

RACHEL PACH investiga avidamente a teoria e a prática das derivas psicogeográficas. É anarco-comunista, situacionista e benjaminiana. Nasceu na Paulicéia Desvairada nos anos 1990 e em 2018 seguia sendo proletária intelectual do Estado (fazendo mestrado em Geografia Humana na Universidade de São Paulo). Produz o projeto de crítica espacial 2&3DORM.

Primeira edição, junho de 2018
São Paulo, Brasil

Dados Internacionais de Catalogação na Publicação (CIP)
Angélica Ilacqua CRB-8/7057

Pach, Rachel
Guia Rússia para turismo do colapso, ou o espetáculo das ruínas construtivistas na Moscou especulada / Rachel Pach. São Paulo : Elefante, 2018.
132 p. : il., pb.

ISBN 978-85-93115-15-8

1. Rússia – Cultura 2. Rússia – Arquitetura 3. Rússia – História 4. Rússia – Política e governo I. Título

18-0833 CDD 947

Índices para catálogo sistemático:
1. Rússia : Arquitetura : História : Cultura

2&3DORM
dosytresdorm.org
contacto@dosytresdorm.org

Revista Comando
revistacomando.com
revistacomando14@gmail.com
@revistacomando

Editora Elefante
editoraelefante.com.br
editoraelefante@gmail.com
fb.com/editoraelefante
@editoraelefante

Literaturnaya (Литературная) era a fonte favorita dos tipógrafos soviéticos. Foi desenvolvida por Anatolii Shchukin no final dos anos 1930 a partir da fonte Lateinisch, criada por Hermann Berthold em 1899. A versão digital utilizada neste livro foi desenhada por Lyubov Kuznetsova em 1996.

tipografia Literaturnaya & Avant Garde Gothic
papel Pólen Bold 90 g/m² & Cartão Triplex 250 g/m²
impressão Intergraf
tiragem 1.000 exemplares